GUÍA DE CLARIVIDENCIA EN ESPAÑOL

Todo lo que Necesitas Saber para Convertirte en un Clarividente y Desarrollar una Percepción Extra Sensorial

FELIX WHITE

© Copyright 2021 – Felix White - Todos los derechos reservados.

Este documento está orientado a proporcionar información exacta y confiable con respecto al tema tratado. La publicación se vende con la idea de que el editor no tiene la obligación de prestar servicios oficialmente autorizados o de otro modo calificados. Si es necesario un consejo legal o profesional, se debe consultar con un individuo practicado en la profesión.

- Tomado de una Declaración de Principios que fue aceptada y aprobada por unanimidad por un Comité del Colegio de Abogados de Estados Unidos y un Comité de Editores y Asociaciones.

De ninguna manera es legal reproducir, duplicar o transmitir cualquier parte de este documento en forma electrónica o impresa.

La grabación de esta publicación está estrictamente prohibida y no se permite el almacenamiento de este documento a menos que cuente con el permiso por escrito del editor. Todos los derechos reservados.

La información provista en este documento es considerada veraz y coherente, en el sentido de que cualquier responsabilidad, en términos de falta de atención o de otro tipo, por el uso o abuso de cualquier política, proceso o dirección contenida en el mismo, es responsabilidad absoluta y exclusiva del lector receptor. Bajo ninguna circunstancia se responsabilizará legalmente al editor por cualquier reparación, daño o pérdida monetaria como consecuencia de la información contenida en este documento, ya sea directa o indirectamente.

Los autores respectivos poseen todos los derechos de autor que no pertenecen al editor.

La información contenida en este documento se ofrece únicamente con fines informativos, y es universal como tal. La presentación de la información se realiza sin contrato y sin ningún tipo de garantía endosada.

El uso de marcas comerciales en este documento carece de consentimiento, y la publicación de la marca comercial no tiene ni el permiso ni el respaldo del propietario de la misma.

Todas las marcas comerciales dentro de este libro se usan solo para fines de aclaración y pertenecen a sus propietarios, quienes no están relacionados con este documento.

Índice

Introducción   vii

1. La habilidad psíquica dentro de las   1
   personas
2. Beneficios de las percepciones   23
   extrasensoriales
3. Los tres diferentes tipos de psíquicos   29
4. Deshacerte de tus bloqueos   55
5. Activar el tercer ojo y la conciencia plena 79
6. Cómo usar tus habilidades para leer la   103
   energía a tu alrededor
7. Los 7 chakras   117
8. Lectura de auras   145
9. Ejercicios y hábitos para fortalecer tu   163
   intuición y habilidades psíquicas

Conclusión   167

Introducción

¿Alguna vez has conocido a alguien que simplemente parece ser "demasiado empático"? Sabes a lo que me refiero, alguien que siente en cuerpo y sangre lo que otras personas están sintiendo. Alguien que vive su día a día lleno de emociones abrumadoras que son estimuladas por el ambiente que le rodea. Suena un tanto molesto, ¿no?

Bueno, esta característica puede no ser la carga que estás pensando. En realidad, este tipo de personas son conocidas como "empáticas."

Seguramente pensarás que muchas personas puedes ser empáticas, pero puede que estés confundiendo un poco los términos. Cuando hablamos de poder mágico y habilidades sobrenaturales, ser empático entra en la categoría de una habilidad psíquica.

Podría sorprendente cuántas personas han vivido toda su vida con una habilidad de esta naturaleza sin siquiera darse cuenta de ello.

Puede que incluso tú en este momento te estés preguntando si alguna de esas cosas "raras" que te pasan pueden ser indicios de una habilidad mágica. Entonces, ¿cómo puedo saberlo?

No te preocupes, no tienes que esperar a que ángel te hable en un sueño y te diga que eres clarividente. La realidad es que todos los seres humanos tienen una cierta cantidad de habilidades psíquicas; en algunas personas se manifiestan poco después de su nacimiento, mientras que en otras pueden permanecer dormidas toda su vida. Esto tampoco debe consternarte, existe la posibilidad de despertar y desarrollar estas habilidades si se tiene la guía correcta.

Para tu buena fortuna, o quizá por azar del destino, te topaste con este libro. Ahí afuera existen muchas personas, libros, y gurús espirituales que afirman poder despertar estas destrezas con programas pagados y retiros espirituales que muchas veces no hacen más que darte un par de días lejos de casa. Aunque la experiencia pueda ser entretenida, estos recursos no ofrecen una perspectiva práctica o útil que puede beneficiar a las personas que buscan afinar su intuición y provocar un cambio positivo en su vida.

Introducción

Con los textos que leerás a lo largo de los siguientes capítulos, te ayudaré a incrementar la intuición, percepción extrasensorial, y desarrollo psíquico. He puesto mi corazón en desarrollar esta guía de comprensión, y te aseguro que no importa si eres principiante o ya tienes cierta experiencia en esta área, encontrarás algo que pueda serte de utilidad en este viaje de crecimiento personal y psíquico.

A medida que avances por este libro, recuerda que las habilidades psíquicas, aunque pueden ser desarrolladas, son innatas hasta cierto punto. No te fuerces a aprender cómo comunicarte con la mente si tienes una facilidad para ver las auras de otras personas. Tómate tu tiempo para embarcarte en un autoestudio y averiguar qué es lo que te funciona mejor. Esta guía te explica todo lo que necesitas saber para afinar tu intuición y aprender clarividencia, y, una vez que lo hayas terminado, te servirá como un recurso más al que siempre podrás volver si te surgen más dudas.

1

La habilidad psíquica dentro de las personas

PRIMERO QUE NADA, empecemos por aclarar un punto, la clarividencia es la habilidad de ver más allá de lo que los ojos comunes pueden. De esta forma, una persona con dicha capacidad puede obtener conocimiento usando métodos de percepción extrasensorial. Es decir, métodos inusuales y poco comunes para la persona promedio. Una clarividente es capaz de "ver" dentro de tu mente sin que realmente te des cuenta, gracias a su habilidad psíquica.

En los últimos años y por diferentes cuestiones, se ha popularizado la idea de que los psíquicos son seres sobrehumanos o brujas y hechiceros que han vendido su alma a algún demonio. Esta concepción de la clarividencia está equivocada y es muy común en la era moderna.

. . .

Sin embargo, contrario a esta creencia, todos los seres humanos son capaces de tener una percepción extrasensorial, incluso si no están conscientes de ello. No hay que ser un escogido divino para tenerla, pero hay que ser muy dedicado para desarrollarla.

Si conoces a alguien cuyos sueños con frecuencia se manifiestan, puede que esa persona sea clarividente. Más de un individuo a tu alrededor puede tener este tipo de habilidades, solo no has logrado percatarte de ello. Si no sabes cómo se manifiestan, de qué manera las ponen en práctica, ni qué características tienen, es natural que no puedas identificarlas. Además, las habilidades varían de persona a persona. Algunos ven el más allá, y otros son capaces de comunicarse con entidades y otros humanos usando su mente, sentir sus emociones en carne propia, y a veces explicarlos aún mejor que lo harías tú mismo.

Las razones por las cuales las personas deciden acudir a los psíquicos son muchas y muy variadas, pero generalmente hay una pregunta común que quieren responder: ¿estoy haciendo lo correcto? Para ellos es un paso al autoconocimiento y encuentran paz en saber si la decisión que quieren tomar es la indicada, o si deben de modificarla de alguna manera. Lo que no saben es que no hay necesidad de acudir a un psíquico cuando son capaces de realizar estos análisis por su cuenta.

Si tú quieres hacer, solo debes tener la disposición de aprender cómo despertar tu poder y hacer una diferencia en tu vida. Este libro te apoyará en tu desarrollo psíquico, podrás aprender sobre la clarividencia y otros tipos de habilidades psíquicas.

Empecemos con una pequeña aclaración: la clarividencia y ser "psíquico" no es lo mismo. Es como decir que una manzana y una fruta son iguales, aunque es cierto que una manzana pertenece al grupo de las frutas, sería un error decir que todas las frutas son manzanas. Una situación similar ocurre con la clarividencia, es una habilidad psíquica, pero otras habilidades también recaen dentro de esta categoría. Desde clarividencia hasta telepatía, precognición, clarisentencia, entre muchos otros.

Para que puedas entender mejor, analicemos la raíz de la palabra "psíquico", esta palabra surge de una mezcla del griego y el inglés que se traduce a "energía de la personalidad del alma". Este término también es conocido como energía espiritual, esta va más allá del plano existencial que conocemos, y puede ayudarnos a hacer más de lo que creíamos posible hasta ahora. Es trascendental, y aún más importante, es accesible para todos. Cada individuo tiene energía de la personalidad del alma, y eso te incluye.

. . .

Tenemos cuerpo y alma, y estos pueden operar correctamente gracias a los sentidos. La vista, tacto, gusto, olfato, y audición, son los cinco sentidos que pertenecen al cuerpo físico. De la misma manera, tu alma tiene sus propios sentidos, estos son los que llamamos extrasensoriales. Todos fuimos educados para cuidar nuestro cuerpo físico, pero solo unos cuantos quieren y saben cómo cuidar la integridad de sus almas.

La capacidad psíquica surge de tu alma. El simple hecho de tener un alma te vuelve una persona psíquica. Quizá sea difícil de creer, pero la única razón por la cual no has podido acceder a tus habilidades es porque nunca te enseñaron a cuidar tus sentidos extrasensoriales como cuidas tus sentidos físicos. Tampoco aprendiste a cuidar de tu alma de la misma manera. No, no tienes que necesariamente llevarla al doctor, pero existen ejercicios, alimentos, e incluso "músculos" que puedes procurar y ejercitar para poder usar tus habilidades de manera consciente. El primer paso es deshacerte de esas ideas y creencias que pueden impedirte alcanzar esta meta, que pueden interponerse en tu camino al despertar psíquico.

La cultura popular está llena de prejuicios y clichés, gracias en parte a la industria cinematográfica, y el área psíquica no es la excepción.

. . .

Muchas personas tienen una idea demasiado fantasiosa de lo que significa ser clarividente. Con frecuencia asumen que estas personas reciben regalos y visitas de entes sobrenaturales como ángeles, demonios, y fantasmas. Ahora, esto no está muy alejado de la realidad, pero ciertamente no ocurre de la manera como lo ves en las películas.

Entonces, ¿cómo puedes saber que eres psíquico o clarividente? Primero, presta atención a tu "sexto sentido", o mejor conocido como "una corazonada". Seguramente lo has sentido como todos en esta vida, en ocasiones tomas decisiones que no parecen tener lógica, como decidir no ir a ese viaje por carretera para luego escuchar en las noticias que las calles habían cerrado, o no invertir en esa gran oportunidad de negocio que terminó en bancarrota pocos meses después. A esto le llamamos una "corazonada". Pocos saben que el recibir conocimiento intuitivamente, sin tener previa información o investigación, es una habilidad psíquica por sí misma.

Ciertamente esta es de las señales más comunes que pueden indicar una habilidad extrasensorial, sin embargo, existen otras a las cuales también puedes ponerles atención para definir si eres una persona psíquica. Pero primero, es importante que conozcas las diferentes habilidades que una persona puede manifestar.

Empático psíquico

Esta habilidad se refiere a la capacidad de sentir las emociones de otros con intensidad. Son susceptibles y vulnerables al ambiente que los rodea. Es un tipo de habilidad psíquica que recae en la categoría de clarisintiente.

Las personas que la poseen tienden a ser abrumadas por emociones y consecuentemente se sienten expuestos y vulnerables. Si eres un empático psíquico debes de tener cuidado, puedes ser propenso a desarrollar ansiedad.

Cuando los empáticos son atacados con las emociones de otros, tienden a comportarse de manera distinta o errática. Las diferentes ramificaciones de los empáticos pueden ser físicas, emocionales, e intuitivas. Los empáticos con frecuencia tienden a tener la clarisentencia como sentido primario.

La empatía es una emoción natural de los seres humanos, pero es particularmente intensa en las personas clarisentientes. Entender la diferencia entre ambas situaciones es vital para aprender sobre la empatía psíquica. Contrario a la emoción humana convencional, la empatía psíquica es más que sólo "entender cómo se siente" otra persona.

Aquellos con esta habilidad pueden sentir y leer la energía de otros; esto sucede gracias a que son capaces de identificar señales verbales y no verbales que les permiten entender lo que alguien más está experimentando.

Algunos son capaces de sentir las vibraciones de energía que emiten individuos ajenos, y de esta manera lo interpretan para saber cómo están sintiendo sus emociones; otros entran en la categoría de clariconcientes, son aquellos que saben instantáneamente sin realmente tener un indicador o señal que se los confirme. Si constantemente tienes la impresión de que puedes "leer" la energía de las personas, lo más probable es que seas un psíquico empático.

Como mencioné antes, no existe solo un tipo de empatía psíquica, existen ciertas subramas que se dividen en física, emocional, e intuitiva:

- **Empatía física:** Este tipo de empáticos responden a las emociones de aquellos que los rodean por sus señales físicas. Estas personas funcionan como un "espejo" de las emociones que los demás están expresando. De la misma manera en que identifican los sentimientos ajenos por vía física, reflejan la empatía de estos sentimientos en su cuerpo. Por ejemplo, si alguna vez te ha pasado que comienzas a llorar simplemente porque la persona frente a ti está llorando, independientemente si realmente te sientes triste o si la situación en realidad no es tan conmovedora, entonces puedes interpretarlo como una señal de que eres un empático físico. Ocurre de manera similar con las personas que están enfermas, puede que sientas una incomodidad física o incluso síntomas similares, esto está fuera de tu control. La mejor manera de lidiar con las consecuencias de esta habilidad es rodeándote de personas brillantes y alegres que contribuyan a tu bienestar físico y emocional. Esto no significa que huyas a la primera señal de problemas o tristeza, pero procura que la negatividad no sea el enfoque principal de tu habilidad.

- **Empatía emocional:** Como hemos visto antes, los empáticos emocionales son los más populares y más fácilmente reconocidos como "empáticos". Son capaces de sentir las emociones ajenas como si fueran propias. Si eres un empático emocional, podrás darte cuenta de que con frecuencia te sientes contento cuando estás alrededor de personas alegres, y de la manera contraria te sientes malhumorado cuando te rodeas de personas tristes. Así como los empáticos físicos, es importante que te rodees de personas positivas y alegres que contribuyan a tu bienestar emocional. Si te encuentras rodeado de crisis y estás constantemente abrumado por diferentes causas puedes tener repercusiones negativas en tu energía mental y emocional.

- **Empatía intuitiva:** Son similares a los empáticos emocionales, sin embargo, en lugar de sólo sentir, ellos pueden sentir los sentimientos aun cuando no son expresados. Por ejemplo, con frecuencia puedes decir que crees que alguna persona a tu alrededor se siente triste últimamente, pero cuando lo discutes con otros conocidos te dicen que no lo creen, ya que siempre se presenta como una persona alegre y feliz. Tu intuición te permite detectar incluso sin la presencia física de la emoción. También te puede permitir saber si alguien está mintiendo o diciendo la verdad.

Aquí hay algunas características comunes de los empáticos psíquicos, si te sientes identificado puede que poseas esta habilidad:

1. Prefieres pasar tiempo a solas
2. Te es difícil mantener intimidad y cercanía
3. Tienes una intuición aguda
4. Con frecuencia te sientes abrumado por las emociones de las personas que te acompañan

5. Tus amigos y familia te han dicho que tus "corazonadas" siempre son acertadas
6. La naturaleza te hace sentir en calma

Ejemplo: Tu mejor amigo te ayudó a tener una cita a ciegas. Al principio sientes emoción, al ser una actividad nueva e interesante. Sin embargo, el día de cita te llenas de sentimientos extraños, no puedes definirlos como positivos o negativos, pero si como abrumadores. Te hacen sentir incomodidad. La cita ocurre con normalidad, pero no eres capaz de disfrutarla. No hay nada malo con la persona que te acompaña, pero la mayoría del tiempo tuviste una gran cantidad de sentimientos extraños que no parecían ser tuyos. Al finalizar, sentiste extremo cansancio, al punto de pasar varios días descansando en casa, ignorando mensajes, llamadas, e incluso otras citas con amigos cercanos. Esto te ha ocurrido incontables veces, y siempre estando en público.

Mediumnidad

De la misma manera que la clarividencia, el término de mediumnidad o de "médium" se utiliza erróneamente como sinónimo de psíquico. Sin embargo, no todos los psíquicos poseen la habilidad de ser médiums, y no puedes ser un médium sin ser clarividente.

. . .

Los médiums son psíquicos con la capacidad de comunicarse con los espíritus del más allá. Utilizan su intuición para leer energías, sentimientos, comunicarse con fantasmas y otros entes sobrenaturales, también son capaces de ver la vida presente, pasada, y futura de una persona utilizando su energía espiritual, de esta manera pueden recabar información sobre ella.

Usar la energía no-física que emiten les ayudan a acceder a el conocimiento que necesitan de un individuo. Algunas señales de que puedes tener la habilidad de médium incluyen visualizar a personas fallecidas en tus sueños, estos entes con frecuencia te ofrecen información importante. También es posible que estas señales se hayan manifestado desde una edad temprana, como la infancia.

La gran mayoría de los médiums la manifiestan a esta edad, pero algunos no se dan cuenta de ello hasta la adultez. Algunas personas que tienen menor contacto o conocimiento de este tema pueden incluso nunca darse cuenta.

Todas las personas son naturalmente intuitivas, y el ser médium requiere mucha intuición. Todos tenemos la posibilidad de ser médiums si entrenamos nuestras habilidades correctamente.

Esto no significa que cualquiera puede tener una comunicación fija con los grandes espíritus del más allá, pero con ejercicios y esfuerzo puedes desarrollar la habilidad necesaria para contactar a familiares fallecidos o visualizar algunas vidas pasadas. Los entes sobrenaturales nos rodean y siempre buscan comunicarse con nosotros, pero solo los que tienen la habilidad son capaces de escuchar y responder. La atención plena es sumamente importante para obtener el estatus de médium, independientemente de cuál sea tu habilidad de clarividencia principal (visualización, escucha, sensación, o conocimiento de la presencia de espíritus del más allá).

Por ejemplo, con frecuencia sientes en el aire el aroma de su esencia favorita, o sientes el sabor de su dulce predilecto, sueñas con ellos con frecuencia y vívidamente, cuando "sabes" automáticamente algunas cosas y sospechas que la información provino de ellos, sientes presencias a tu alrededor crees que buscan comunicarse contigo, o comúnmente tienes deja vu.

Ejemplo: Tu padre falleció hace unos años, siempre sentiste que tenían un vínculo especial, y por ende su pérdida te afectó bastante. Durante el funeral tienes una sensación fuera de lo ordinario que te indica que debes visitar su oficina.

. . .

Una vez ahí comienzas a buscar en un cajón que te llamó la atención, y dentro de él encuentras el testamento final de tu padre. El dinero que te heredó te ayuda a pagar el funeral y la deuda de tu casa.

Puede que no te des cuenta de inmediato, pero el espíritu de tu padre buscaba ayudarte y protegerte al poner el pensamiento de la oficina en tu cabeza. Es común que los miembros de la familia que han fallecido sirvan como guías espirituales para aquellos que aún vivan.

Telepatía

Cuando piensas en la comunicación, puede que lo primero que se te venga a la mente sea un intercambio verbal o escrito. Pero ¿qué pensarías si te dijera que la comunicación con la mente no es algo que existe solo en las películas? Seguramente piensas en algunos superhéroes de la cultura popular, claro que la telepatía no se manifiesta de la manera en la que lo presentan en las películas. Todos los psíquicos son telépatas. Es un don natural que poseemos los humanos. Desde el inicio de los tiempos, hemos tenido la habilidad innata de conectar con otros usando nuestra mente.

. . .

La definición de telepatía es un don psíquico que te permite enviar o recibir pensamientos y sentimientos entre dos individuos, independientemente de la distancia.

También puede ser considerada una forma de percepción extrasensorial, ya que los sentidos físicos no interfieren en ella.

Existen diferentes tipos de telepatía. La primera es la habilidad de sentir, leer, o escuchar la mente de otra persona. Esta es la más básica de la telepatía. La segunda, un poco más avanzada, es la comunicación telepática, es decir, tener contacto directo con la mente de otra persona sin el uso de las habilidades físicas. Posteriormente está la impresión o implantación, esto significa poder plantar una palabra, pensamiento, imagen en una mente ajena.

Finalmente, y quizá la más rara de ellas, el control, que es la habilidad de forzar a otra persona a pensar o comportarse de una manera específica deseada por el telépata.

Los seres humanos tenemos la capacidad de crear y formar experiencias, sabemos y sentimos las cosas como realmente son, es natural. Podemos crear vínculos con las conciencias de otras personas.

Esto depende de tu energía de la personalidad del alma. Esta energía tiene el poder de alinear tu frecuencia vibracional con la frecuencia de alguien más. Después de que logres esto con éxito, no necesitarás tus sentidos físicos para comunicarte o conectarte con la persona. Seguramente ya te ha ocurrido, pero no te has percatado de ello. En más de una ocasión tu instinto te advirtió sobre una persona, una característica, o un comportamiento, y terminó siendo realidad, esto también son experiencias telepáticas.

El verdadero componente que unifica a todas estas habilidades es la intuición. Si aprendes a utilizarla para alinear tus frecuencias vibracionales conscientemente, entonces podrás generar conexiones mentales con ellos, y por ende comunicarte telepáticamente. Si eres naturalmente empático también puede ser una señal de capacidades telepáticas. Hemos visto que la empatía está fuertemente relacionada con la clarividencia, pero también tiene vínculos estrechos con la empatía. Sin embargo, la diferencia radica en que la empatía está relacionada con los sentimientos, mientras que la telepatía con los pensamientos. Un empático puede recibir información, pero un telépata es capaz de recibirla y enviarla. Los empáticos también tienen facilidad para desarrollar habilidades telepáticas y otras formas de desarrollo psíquico.

. . .

Otra señal es tu interés en el mundo espiritual, si estás leyendo este libro es claro que posees esta curiosidad por lo sobrenatural. Todos tenemos habilidades psíquicas, pero aquellos que se vuelven conscientes de ellas tienden a tener un interés por las prácticas espirituales. Se sienten atraídos por sus vidas pasadas, conexión con sus ancestros, meditación, yoga, brujería, y otras prácticas espirituales, esto puede indicar un deseo subconsciente de despertar tus habilidades.

Tu intuición también es más aguda que la de otras personas, seguramente los individuos a tu alrededor siempre se sorprenden de tu capacidad para detectar mentiras.

Aquellos que tienen el don de la telepatía pueden sentir cuando alguien no está siendo sincero o exacto en sus afirmaciones, esto puede suceder inconscientemente si la persona no tiene el conocimiento de sus habilidades. Pueden identificar los pensamientos en los cerebros ajenos y por lo tanto detectar la mentira.

También existen algunos indicadores o componentes físicos, al fin y al cabo, nuestro cuerpo y mente están conectados, y nuestra alma también juega un rol muy importante en nuestra existencia.

. . .

Si el espacio entre tus cejas cosquillea, o incluso duele, con frecuencia puede ser una señal de que estás usando tus habilidades telepáticas. También puede presentarse incomodidad o sensaciones molestas.

Ejemplo: Tú y tu hermana tienen un vínculo especial.

Cuando llega el momento de irte a la universidad sientes una abrumadora sensación de nostalgia. Con frecuencia la extrañas, y esperas con ansias los fines de semana que pueden hablar por teléfono. Finalmente llega el día de la llamada, pero desde la mañana has sentido ansias, náuseas, y un nerviosismo que no parece desaparecer. Sientes que algo extraño ha pasado. Decides llamarla para asegurarte que todo está bien, tu madre contesta y te revela que tuvo un pequeño accidente automovilístico, pero que todo está bien.

Este es un ejemplo de cómo operan las habilidades telepáticas, y puedes entender el rol que juega la intuición en ella. Cuando dos personas comparten un vínculo, amoroso, de amistad, familiar, entre otras conexiones emocionales y extra-físicas. El tipo más popular de telepatía es la que se presenta en los gemelos. Algunos afirman sentir lo que su gemelo siente, o saber lo que está pensando sin necesidad de que lo diga.

Señales de que tienes habilidades psíquicas

Las mencionadas en la sección son las habilidades psíquicas más conocidas. Entre otras más oscuras podemos reconocer la precognición, viajes astrales, sueños lúcidos, comunicación con espíritus, etc. Todas ellas están conectadas por la clarividencia y la intuición.

Estas pueden manifestarse de maneras distintas, no tienes que experimentarlas todas para estar seguro de que eres clarividente, pero si sientes al menos tres existe una probabilidad alta de que lo seas:

- **Intuición y corazonadas agudas**: Esto significa que con frecuencia tus sospechas se vuelven realidad. Todos tenemos esta habilidad, pero se vuelve más poderosa cuando hay un apoyo psíquico. Este término se refiere a la atracción invisible hacia un pensamiento, lugar, o idea, que también puede reflejarse como un "conocimiento automático". La principal diferencia entre las corazonadas normales y aquellas con apoyo psíquico es que las primeras ocurren de vez en cuando, mientras que las corazonadas psíquicas tienden a ocurrir la mayoría del tiempo.

- **Sentidos afinados por encima del promedio**: Nuestro marco de referencia, aprendizaje, y comprensión son nuestros sentidos físicos, ahora sabemos de la existencia de la percepción extrasensorial, pero a veces esta se manifiesta primero a través de un desarrollo mayor de los sentidos físicos. Por ejemplo, puede que escuches cosas que no están ahí, o que sientas o escuches los pensamientos y sentimientos de otra persona. Esto se puede manifestar de diferentes maneras, un ejemplo sería que eres capaz de terminar las oraciones de otras personas. Ahora, algunos individuos tienen una conexión más allá de lo entendible, y con frecuencia pueden saber lo que el otro está pensando, aunque este es un tipo de percepción extrasensorial no significa necesariamente que la persona sea telépata. Si encuentras que esto te sucede con más de una persona, e incluso con extraños, entonces puede ser un indicador de la presencia de una habilidad psíquica.
- **Sueños vívidos y claros**: Puede que en ocasiones tengas sueños tan vívidos que se vuelve especialmente difícil de diferir entre ellos y la realidad, aun estando despierto, es también puede indicar la presencia de percepción extrasensorial. Los sueños también

pueden ser interpretados como "premoniciones". Por ejemplo: puede que sueñes con el campus de una universidad que nunca habías visitado, al día siguiente recibes una llamada del decano para ofrecerte un trabajo como maestro. O puede que sueñes que te encuentras con mucho dinero, semanas después tu jefa te ofrece un ascenso con un aumento significativo. Muchas veces tus sueños pueden revelarte tus habilidades psíquicas, es importante que les prestes atención.

- **Te sientes atraído por la naturaleza y las cosas hermosas**: Muchos consideran a la madre tierra la creadora de todo y una fuente poderosa de energía psíquica. Es natural que brujas, clarividentes, hechiceros, y otros individuos que utilizan esta energía se sientan atraídos y agradecidos con ella. Puede que tengas una fascinación interesante con el mar, o solo te sientas en paz cuando te pierdes en el bosque de regreso a casa, sientes felicidad y tranquilidad cuando te rodeas de la belleza natural. Esto también puede ser un indicio de habilidad psíquica. La clarividencia es una habilidad visual, por ende, se ve estimulada cuando este sentido es estimulado, así que te hace apreciar la belleza del arte como la pintura, dibujo, fotografía, y otras actividades que fomentan o requieren creatividad.

- **Visualizar las auras**: Las auras son luces coloridas que rodean a las personas, son proyecciones electromagnéticas que pueden ser percibidas y vistas. Las auras te dan información sobre las personas, sus pensamientos, y sus sentimientos. Pueden ser una herramienta importante para entenderlas, entenderte a ti mismo, y entender el mundo un poco mejor.

El siguiente capítulo abordará los beneficios de los dones psíquicos y qué ventajas puedes obtener de desarrollar el tuyo.

2

Beneficios de las percepciones extrasensoriales

LAS PERCEPCIONES extrasensoriales ciertamente son interesantes, útiles, y fascinantes; te permiten ver el mundo desde una perspectiva única e inimaginable para otros.

Sin embargo, es importante recordar que estas habilidades vienen con responsabilidades e incluso ciertos riesgos. Debes tener cuidado de cómo utilizas estos talentos; esta perspectiva te permite tomar decisiones importantes con facilidad y tomar el camino correcto en la primera oportunidad, pero aún más importante es el hecho de que puedes usarla para ayudar a otras personas.

Un beneficio de ser psíquico es que puedes sintonizarte con todo lo que existe al incrementar tu vibración, y usando tus habilidades es una manera de hacerlo, entre más las utilices, más puedes conectarte con el universo y todo lo que está dentro de él.

El universo está hecho de energía, tú, yo, los animales, las plantas, todos somos energía que está en constante movimiento, todo está dentro de nosotros y afuera de nosotros simultáneamente, estamos conectados por vínculos que no podemos comprender y que son fascinantes. Cada vez que utilizas tu habilidad psíquica, tu habilidad para sintonizarte con la energía del universo aumenta sobremanera.

Por esto, la meta principal de los individuos altamente espirituales es alcanzar la suficiente capacidad de vibración para conectarse con su yo superior, esto les permite acceder a consejos y guías espirituales de seres divinos superiores a los humanos.

La meditación también es una herramienta importante para el desarrollo de las habilidades psíquicas. Sin la meditación, no podrás alcanzar el estado vibracional superior que requieres para poder usar tus habilidades a voluntad.

Los chakras también juegan un rol importante en ello, estos son puntos específicos que forman parte del sistema de energía, un conjunto de canales que recorren nuestro cuerpo y se conectan con la energía del universo, y pueden abrirse y cerrarse dependiendo de las acciones, sentimientos, y pensamientos que tenga una persona. Para mantener una vida mental, física, y espiritual sana debes asegurarte de que tus chakras estén abiertos, saludables, balanceados, y libres de energías negativas.

La mayoría de las personas sin una práctica espiritual o que no nutren sus centros de energía tienen los chakras cerrados. Esto significa que su salud espiritual y física no son tan vibrantes como deberían ser. Los chakras están directamente conectados con los sentidos psíquicos, así que mantenerlos liberados para permitir a la energía fluir puede beneficiar y mejorar tus habilidades extrasensoriales. Para desbloquear y alinear los chakras, necesitas empezar el camino hacia tu despertar psíquico.

Cuando meditas, tu mente puede acceder a lugares que tu cuerpo físico no puede acceder, para ello es de vital importancia que aprendas a hacerlo de manera correcta, esto será el inicio de tu camino hacia el despertar psíquico. Recuerda que ser psíquico te permite tener acceso al mundo espiritual y también a tu propia espiritualidad, esto te da la oportunidad de aprender más sobre ti mismo.

. . .

Por ejemplo, puedes acceder a los Registros Akáshicos usando tus habilidades psíquicas, estos registros contienen información de tu vida pasada, presente y futura. Al acceder a estos registros puedes aprender sobre las cosas que afectarán y han afectado tu vida. Mientras te encuentras en este estado, con acceso a los planos espirituales, puedes comunicarte con espíritus, guías, deidades, ángeles, y otros entes sobrenaturales que pueden darte información importante para tu vida.

Como mencionamos antes, tus habilidades psíquicas impactarán las decisiones que tomes, más frecuentemente para mejor. Te ayudarán a darle dirección a tu vida y enfocar tus esfuerzos a satisfacer tu propósito de vida. La clarividencia te apoya a visualizar los posibles obstáculos que la vida te ha interpuesto o te interpondrá, es natural que te abrume el pensamiento de tener que tomar decisiones, sobre todo si son de gran importancia; pero si estás en sintonía con tus sentidos psíquicos, puede que estas decisiones no sean tan complicadas como crees. Tienes acceso a la enseñanza divina, y tus guías espirituales te impedirán sobre-analizar cada decisión que tomes.

De la misma manera que existen ventajas y beneficios que provienen de las habilidades psíquicas, también conllevan cierto riesgo.

. . .

El egoísmo es una de las emociones negativas de las cuales debes cuidarte, puede llevarte a tomar decisiones dañinas para ti o los que amas, y de igual manera puede poner en retroceso tu viaje y hacer que dejes de tener acceso a tu aspecto espiritual. Tampoco debes de hacer mal uso de la información que obtienes a través de tus habilidades, recuerda que el destino no está escrito, y puede ser forjado por las decisiones que tomes sean positivas o negativas.

El último consejo que puedo darte es que no abuses de tus habilidades, al fin y al cabo, estás usando recursos propios, así como tus sentidos físicos y psíquicos, puede tener repercusiones en tu salud física y mental. Puedes llegar a perder el contacto con la realidad física si pasas todo tu tiempo en el mundo espiritual, no importa qué práctica espiritual sigas, o que libros leas, siempre encontrarás que el balance es la clave para un camino espiritual saludable. Utiliza los consejos que te he dado en este capítulo para sacar de manera segura el mayor provecho de tus habilidades.

3

Los tres diferentes tipos de psíquicos

Existe mucha discusión y variedad de opiniones cuando se habla de los psíquicos. Es difícil definirlos con exactitud sin recaer en clichés o términos fantásticos, y esto es porque no existe solo un tipo de psíquico, así como no existe una sola habilidad psíquica. La diferencia principal entre los tipos de psíquicos es su habilidad para percibir información. El sentido psíquico prominente define tu habilidad psíquica, y así el tipo de psíquico que eres.

Los sentidos psíquicos también se refieren a las habilidades psíquicas, y ya sabes que la clarividencia es una de ellas, pero seguramente aún tienes muchas preguntas.

¿Cuáles son otras habilidades psíquicas? ¿Son iguales?

· · ·

¿Qué clase de psíquico soy? ¿Qué diferencia tengo con otros psíquicos? ¿Qué son los cuatro sentidos claros (four clair senses)? Todas estas preguntas serán respondidas, pero es importante que lo hagamos paso por paso para no abrumarte y que puedas comprender todo con claridad.

Todos nacemos con al menos uno de estos sentidos, pero eventualmente perdemos el contacto con ellos. Son una manera de recibir información abstracta, es decir, son canales de comunicación que a veces pueden recibir incluso el mismo mensaje. Por ejemplo, asumamos que debes de entregarle un paquete a un amigo, puedes optar por usar un servicio de paquetería, llevárselo en persona si vive cerca, o llamarle para pedirle que pase por él. El mensaje no cambia, y tampoco la intención del mismo, pero los canales de comunicación pueden variar dependiendo de tu elección. Algo similar ocurre con la comunicación y los sentidos psíquicos.

La clarividencia es un canal de comunicación visual, mientras que la clarisentencia te permite sentir en su lugar. Pero las maneras en que la información llega son muy variadas, puede que ni siquiera puedas identificar cuál de tus sentidos estás utilizando para recibirlas. Todos trabajan con la intuición, así que es difícil saber cual es tu sentido "claro" prominente.

· · ·

Aunque, en realidad, esto no tiene tanta importancia, si puedes conseguir información importante y útil ¿a quién le importa cómo la conseguiste? Lo primordial es que eres psíquico.

Pero es natural que sientas curiosidad, así que aquí te explicaré cómo reconocer los sentidos claros.

Clarividencia (visión clara)

Es la habilidad más conocida por las personas, cliché hasta cierto punto. Comúnmente confundida como sinónimo de la palabra psíquico, gracias a que es una de las más popularizadas por la industria cinematográfica. La definición de clarividencia en realidad es "visión clara" o "ver claramente" gracias a sus raíces etimológicas, en términos de este libro podemos interpretar esta palabra como "visión psíquica". Esta habilidad te permite ver mensajes psíquicos. Es la que más comúnmente se presenta en las personas, e incluso en individuos que afirman no tener habilidades psíquicas se ha presentado en más de una ocasión, aunque pasa desapercibido. Es fácil confundirlo con la manifestación o el deseo de que algo suceda, se etiqueta como simples anhelos, sueños inalcanzables, o pensamientos de una mente vagabunda.

· · ·

La clarividencia en realidad es como una pequeña película que se manifiesta en tu mente, pero claro que cada individuo tiene diferentes maneras de verla o percibirla, a veces incluso con diferentes herramientas. Algunos reciben mensajes en forma de una pantalla móvil que de repente aparece en su cabeza con símbolos, imágenes, etc. Otros obtienen imágenes de personas u objetos con características específicas, esto incluye a los espíritus que se presentan en formas materiales vívidas, que parecen interactuar con el médium. Puede que se sienta como si estuvieras visualizando algo real con tus ojos, pero en realidad estás usando los "ojos de tu mente", es decir, los estás viendo con tu mente.

A diferencia de como es presentado en las películas, la clarividencia no te da un video mental de todo lo que sucederá o del espíritu que estás intentando contactar, en su lugar presenta una serie de imágenes visuales que pueden contener rostros, símbolos, o indicadores que el usuario debe de interpretar para obtener el verdadero mensaje o respuesta. Estas no siempre se presentan de manera clara, son señales sutiles y que, con frecuencia, los psíquicos no entrenados pasan por alto. Debes saber qué buscar o lo que puede suceder:

- En ocasiones recibes imágenes mentales sin relación a tu actividad o contexto actual

- Imaginas o visualizas objetos, lugares, y rostros fácilmente
- Símbolos, imágenes, y colores parecen parpadear frente a tus ojos
- Tienes sueños o visiones que parecen ser películas en tu cabeza

La capacidad de visualizar es una parte muy importante de la clarividencia, hace honor a su significado "visión clara". Soñar despierto es una señal, es algo que sucede fácilmente para aquellos que tienen el don de la clarividencia. Las maneras más comunes en las que se presentan los mensajes o respuestas para los clarividentes son:

- **Símbolos:** Esta forma no es exclusiva de los clarividentes, en realidad, la mayoría de las veces cuando un psíquico recibe un mensaje (independientemente de su tipo de habilidad) es a través de símbolos. A medida de que entrenes tu intuición, el significado de estos símbolos se volverá más fácil de interpretar, incluso si al principio te sientes confundido por su presencia. Por ejemplo, en lugar de mostrarte el rostro de tu futura pareja, puede que visualices su comida favorita, o la casa donde nació. Puede que te tome un tiempo hacer las conexiones, pero la práctica y otros tipos de entrenamientos psíquicos te ayudarán a afinar tu intuición y habilidad para entenderlos.

- **Imágenes y videos:** Diferentes psíquicos reciben los mensajes de diferentes maneras, como ya hemos visto en capítulos anteriores, y otra de estas posibilidades es que se presenten como imágenes o películas en lugar de símbolos; esto no necesariamente significa que veas un video de una hora con diálogo y música de fondo, pueden presentarse como imágenes en movimiento, o una serie de imágenes estáticas similar a una presentación de diapositivas, incluso puede ser un símbolo dentro de una imagen o transformado en una imagen. Por ejemplo, en lugar de visualizar una casa (potencialmente la de la infancia de tu pareja) puedes visualizarte caminando dentro de un hogar que nunca habías visitado, sentándote en la cocina, y comiendo algo que tu pareja te cocinó, incluso cuando no veas a nadie más. Esto puede representar que el matrimonio está cerca, o incluso que pronto compartirás tu vida con alguien más.

La moraleja de estos ejemplos es que psíquicos con diferentes habilidades, e incluso aquellos con la misma habilidad, reciben mensajes de maneras distintas, pero siempre a través del "tercer ojo".

. . .

No se presentan de manera física, ni se materializan para la visión de todos alrededor. Debes utilizar tu visión psíquica, y esta proviene del ojo que está colocado en el centro de tu frente. El término "tercer ojo" es un sinónimo para el ojo mental, es el canal por el cual los clarividentes reciben mensajes.

Clariaudiencia (escucha clara)

Ya habiendo estudiado el significado de clarividencia, este término parece un poco auto explicativo. Se refiere a la habilidad natural para "escuchar" mensajes usando tus sentidos extrasensoriales. La clarividencia es a ver como la clariaudiencia es a escuchar. Los mensajes llegan a través de sonidos en lugar de imágenes o símbolos. De la misma manera que los clarividentes tienen diferentes formas o técnicas para recibir esa información, las personas clariaudientes pueden escuchar ideas, instrucciones, o mensajes en su cabeza. Contrario a la creencia popular, esto no se presenta como voces demoníacas que se interrumpen unas a otras, en realidad, el tono es similar a la del individuo. De hecho, parecería que está hablando con sí mismo. Este monólogo puede prevenir de dentro de tu cabeza o de una fuente externa.

. . .

Los mensajes clariaudientes usualmente suenan como un pensamiento pronunciado, su sutileza y suavidad hace que la gente crea estar pensando en voz alta. También existe la comunicación con espíritus, y estos al principio pueden ser muy difíciles de entender. Los espíritus tienen que reducir su vibración para poder comunicarse con los humanos, esto hace que su voz se vuelva rasposa y profunda.

Este tipo de médiums también pueden recibir mensajes o señales en forma de sonidos o incluso música, puede escuchar palabras, frases, nombres, y mensajes de entidades del más allá. A veces, los mensajes clariaudientes son recibidos como sonidos físicos del plano etéreo, estos mensajes no se traducen en una lengua comprensible para los humanos, por ello escuchas el sonido, la música, o las palabras usando tu voz física, aunque desconozcas el origen de ellas.

En otras ocasiones, los espíritus utilizan sus propias voces para comunicarse, y los mensajes no siempre son simples palabras o sonidos, también pueden ser advertencias.

Imagina que estás en un apuro, y tu guía espiritual necesita advertirte que salgas de esa situación; puede que escuches un fuerte sonido de advertencia en tu cabeza. Seguramente te sorprenderás, pero no hay necesidad de que te aterres por ello, los espíritus gustan de mandar mensajes sutilmente para evitar generar pánico. A lo largo de tu desarrollo tendrás muchos momentos de confusión, sin saber si las señales provienen de ti o de tu guía espiritual, no debes preocuparte de la fuente, lo importante es que afines tu instinto para poder interpretarlos correctamente.

Todos los psíquicos pueden descifrar señales auditivas, pero aquellos que son clariaudientes puede identificarlas e interpretarlas con mayor facilidad gracias a que la audición clara es su sentido psíquico principal. Algunas señales de que este es tu sentido dominante son:

- Disfrutas de la música. Siempre estás escuchando alguna canción o incluso tocas uno o más instrumentos musicales
- Te conectas con tu ser interior al escribir o practicar tu música
- Aprendes escuchando. Es más sencillo para ti entender un concepto si te es explicado frente a frente o en audiolibros en lugar de tener que leer al respecto
- Ruido negativo o sin sentido te irrita y pone de mal humor
- Tienes un monólogo interior, hablas contigo

mismo y siempre "estás en tu propio mundo" dentro de tu cabeza.

No es necesario tener todas las características mencionadas, pero si te identificas con tres de ellas puedes dar tu habilidad por sentado, y aún si no, puede indicar que tengas esta habilidad, pero no sea tu sentido prominente. Las experiencias también pueden ser confundidas con otras situaciones no extrasensoriales, así que te dejo una lista para identificar tus experiencias clariaudientes:

- Escuchas voces que son similares a la tuya
- Tienes un monólogo interno, pero a veces esa voz parece provenir de fuera de tu cabeza
- Las experiencias son cortas y con un objetivo que se cumple durante la experiencia

Como mencioné antes, muchas personas confunden experiencias clariaudientes con corazonadas o un monólogo interno, también pueden ser tomadas como simples experiencias que tienen una explicación, como que alguien les mencionó algo y simplemente lo olvidaron.

Esto se da gracias a que la intuición también es usada en el día a día. Te contaré la historia de mi padre, él me contó una vez que cuando yo recién había nacido mi madre trabajaba y él con frecuencia debía hacer las compras de mi alimento.

En su camino a la tienda de abarrotes, que se encontraba a una esquina de nuestra casa, debía atravesar una calle un tanto problemática, al no tener topes los autos iban a altas velocidades aún cuando no debían. Él miró hacia ambos lados antes de cruzar, y al no ver automóviles en el horizonte atravesó la avenida. Unos pasos antes de llegar al otro lado, mi padre cuenta haber escuchado una voz que le dijo "salta", él lo describe como un "no sé qué" que lo hizo saltar sin ninguna razón aparente. El segundo en el que aterrizó a salvo sobre la escarpa, un automóvil manejando a alta velocidad pasó por el punto donde había estado parado hacía solo un momento. El asegura que nunca vio el automóvil ni escuchó que se acercara, sólo la voz misteriosa que le pidió que saltara.

Al día de hoy, él cuenta esta historia como una experiencia cercana a la muerte, afirma que, de no ser por esa voz y ese pequeño salto, el automóvil le hubiera pasado por encima. Mi padre no se considera una persona psíquica, y puede que tenga razón, sin embargo, es obvio para más de un individuo con el don es evidente que tuvo una experiencia clariaudiente.

Clarisentencia (sensación clara)

. . .

Como mencionamos en el capítulo anterior, este es el sentido dominante en las personas empáticas y altamente sensibles. La clarisentencia es la habilidad para sentir o recibir mensajes usando las emociones, sentimientos, y sensaciones físicas. Por ejemplo, asumamos que alguien en tu familia cae enfermo de gravedad, aunque nada fatal ha ocurrido, todos los días te sientes abrumado, exhausto, y sin energía. A tu alrededor, el resto de tu familia también se ve desanimada, pero nadie de la manera en lo que tú lo estás. Aunque no te des cuenta, estás absorbiendo todo lo que la gente a tu alrededor está sintiendo, ahora puedes entender la carga que representan todas esas emociones unidas recayendo sobre una sola persona, es solo lógico que esté teniendo repercusiones negativas en ti, incluso más de la que la situación amerita. Esto es una señal clara de la presencia de tu habilidad psíquica.

Las personas clarisentientes pueden absorber cada sentimiento, emoción, sensación, y energía que los rodea independientemente de la sutileza de estos. Es imperativo para ellos tener un tiempo de sanación donde solo se encuentren consigo mismos, esto puede darse dentro de su habitación, un lugar alejado, o incluso rodeados de naturaleza y desconectados tecnológicamente.

Esto puede parecer tonto, pero algunos individuos incluso pasan un mal rato al escuchar las noticias amarillistas o ver películas demasiado trágicas, puede identificarse y sentir las emociones de aquellos afectados o los personajes en dichas historias.

La sensación es el sentido psíquico predominante en un clarisintiente. Si con frecuencia tienes emociones fuertes con respecto a personas, lugares, u objetos, puede que seas un psíquico clarisintiente. Este tipo de psíquicos son capaces de saber lo que otros individuos sienten antes de que puedan expresarlo. Llevan el concepto de empatía a otro nivel, pueden sentir rayos de dolor cuando ven a alguien con heridas profundas, o tener un episodio depresivo después de ver noticias trágicas en la televisión.

Como con los otros sentidos, es probable que ya hayas tenido una experiencia clarisintiente sin haberte dado cuenta. Por ejemplo, puede que te hayas sentido extremadamente triste por la muerte del familiar lejano de un amigo, alguien a quien ni siquiera conocías, únicamente porque tu amigo parecía estar triste. Entre otras cosas, un clarisintiente puede experimentar:

- Sientes el dolor, físico o emocional, de otras personas
- Tienes sentimientos intuitivos, y acertados, sobre personas, lugares, o situaciones

- No funcionan a su máxima capacidad cuando están rodeados de una multitud
- Se sienten agobiados cuando están cerca de demasiadas personas
- Películas, noticias, y programas de radio pueden abrumarlos si el contenido es negativo

Si eres "demasiado emocional", probablemente eres un psíquico clarisintiente. Pero no te preocupes, no estás destinado a sentirte abrumado no importa lo que hagas por el resto de tu vida, ahora que sabes sobre tu habilidad, puedes empezar a practicar y entrenarte para volverte menos susceptible a los sentimientos ajenos.

De la misma manera, es importante que no compares tu habilidad con otras habilidades psíquicas. Puede que la clarividencia sea más atractiva para los productores de televisión, pero la clarisentencia también tiene sus propios beneficios. En tu camino a desarrollar tu habilidad, encontrarás nuevas maneras de hacerla útil para tu propio interés y la ayuda de otros. También te permitirá recibir consejos y guía de seres del más allá.

Clariconciencia (conocimiento claro)

. . .

Si con frecuencia te encuentras terminando las oraciones de otras personas, o tus instintos son especialmente agudos y el conocimiento solo "aparece" en tu mente, es muy probable que seas clariconciente. Esta es la habilidad de tener conocimiento psíquico, es la cuarta de las cuatro habilidades psíquicas principales. Su característica principal es la presencia de conocimiento sin justificación alguna, y se presenta en la forma de corazonadas intensas, para los individuos que poseen esta característica, el instinto es mucho más agudo. Todas las habilidades se basan en el instinto, como ya hemos visto, pero la intensidad de este es la base principal de la clariconciencia. La sensación es mucho más intensa, y no puede pasar desapercibida.

La presencia o aparición de información sin fundamentos, pero que es altamente acertada, es la naturaleza de esta habilidad; pensamientos e ideas se presentan en tu mente, y tienden a ser específicos, además de ello puedes recibir hechos, información, ideas que se manifiestan en tu consciencia sobre otras personas u otras circunstancias. Algunos individuos describen estos mensajes como "epifanías", la manifestación repentina de ideas o la sensación de saber qué hacer. Por ejemplo, cuando alguien te da "mala espina" y sabes instantáneamente que no puedes confiar en esa persona, algunas personas pueden creer que exageras ya que el individuo en cuestión es amable, carismático, y divertido; sin embargo, la gran mayoría del tiempo este tipo de corazonadas terminan siendo acertadas.

Si tuviéramos que representar a la clariconciencia con un solo símbolo, sería un foco eléctrico. Seguramente has visto algo similar en las caricaturas, cuando un personaje tiene una idea repentina un bombillo se ilumina sobre su cabeza. Suceden en momentos poco esperados, al azar, y sin importar el contexto o la situación en la que te encuentres, relajándote con tus amigos, trabajando en la oficina, o incluso sentado en el baño.

Es un reto identificar entre pensamientos comunes o epifanías lógicas de las epifanías psíquicas. La mente humana tiene pensamientos dedicados a protegernos. Es fácil confundirlos, puedes creer que estás teniendo una visión clariconciente cuando en realidad ya habías tenido acceso a información relacionada, pero sin que te hayas dado cuenta. Por supuesto, como toda habilidad psíquica, hay formas específicas de diferenciarla de las físicas:

- **Instintos agudos y acertados:** Todos tenemos instintos que tienen raíz en nuestras épocas de supervivencia. Estos instintos se han formado y desarrollado desde el inicio de la vida misma, con base en nuestras experiencias como individuos y comunidad, e incluso de forma genética. Sin embargo, estos instintos pueden equivocarse. Esto no significa que la clariconciencia pueda equivocarse, por el contrario, esto los diferencian de la clariconciencia. Los psíquicos que poseen esta habilidad tienen instintos a prueba de todo. Pueden predecir eventos que aún no han ocurrido basándose en sus corazonadas, y estos sucederán sin importar las circunstancias, así de poderoso es su instinto. Una señal clariconciente significa que sabrás con exactitud cuando no asistir a una fiesta, cambiarte de trabajo, o confiar en esa persona que te da mala espina. No sabes por qué, pero lo sabes.

- **Detectar mentiras:** Si existe alguien que puede detectar mentiras a prueba de todo, eso es un psíquico clariconciente. Son capaces de saber cuando alguien está siendo deshonesto. Si esto te sucede con frecuencia, puedes tomarlo como una señal de que eres clariconciente. Recuerda que esto también está presente en otras habilidades, así que debes tomarte el tiempo de comparar tus sentidos y tus premoniciones para identificar cuál es el predominante. Cuando la clariconciencia es predominante, siempre sabes cuando alguien está mintiendo, depende de su carisma o el contacto, nada se te pasa, y las personas confían en la veracidad de tu habilidad.

- **Ideas y soluciones espontáneas:** A principios de esta sección, mencionamos cómo la clariconciencia se asemejaba a una epifanía. Imagina que llevas horas tratando de resolver un problema, sea laboral o personal, y has pensado en todas las soluciones posibles. De repente, una idea aparece en tu cabeza, y aunque parece no tener sentido termina siendo la solución que estabas buscando. Si esto te ha ocurrido una o más veces, lo más probable es que seas clariconciente. Ideas que parecen no tener razón de ser o sugerencias de una fuente no reconocible aparecen en tu cabeza, entonces es una señal clara. Los psíquicos clariconcientes reciben mensajes a través del pensamiento, en la forma de pensamientos, ideas, o sugerencias que se les presentan. No hay un horario específico o determinado para recibir estos mensajes, pueden llegar en cualquier momento, e incluso durante actividades que no tienen relación alguna con la actividad que estés realizando. Es importante que te tomes un momento para interpretarlos, pero ya que la clariconciencia está fuertemente relacionada con la intuición lo más probable es que sepas su significado casi de inmediato, aún así, trata de no pasarlos por alto.

Entrenar tu clariconciencia es una de las mejores maneras de despertar o desarrollar tus habilidades psíquicas. Fomentarás el uso de tu intuición y entrenarás para escucharla por sobre todas las cosas.

Clarioliencia (olfato claro)

Puede que en este punto un concepto como el olfato psíquico pueda parecerte ridículo, pero te sorprenderá saber que este es uno de los sentidos más poderosos, tanto en el plano físico como el plano espiritual. Puede evocar emociones y memorias de una manera increíble, algunos expertos en el estudio efectivo afirman que, si estudias portando una fragancia y utilizas la misma fragancia durante un examen, es más probable que recuerdes el contenido que habías estudiado. También puede evocar emociones intensas, el olor de tu pareja, la comida de tu madre, hasta el olor peculiar de tu pueblo natal. La clarioliencia es el sentido psíquico del olfato, y es uno de los que ocurren con más frecuencia en las personas, sean o no psíquicas. Para aquellos que sí lo son, los olores funcionan como una forma de señal espiritual. Ciertamente es una de las habilidades menos conocidas, y pocos son los psíquicos que logran tenerlo como sentido primario, es una habilidad maravillosa y con muchos beneficios.

. . .

Las personas clariolientes pueden detectar olores imperceptibles para otras personas, estos pueden contener mensajes divinos o información del mundo psíquico. Una clara señal de que este es tu sentido prominente es que los olores afectan de gran manera tu estado de ánimo.

Fragancias placenteras pueden ponerte de buen humor, y olores repugnantes arruinar tu día por completo. Puedes hacer un pequeño experimento con esta información, procura prestar principal atención a los olores que te rodean cuando te estés sintiendo de maneras específicas.

También es importante que detectes la frecuencia de estos olores y si realmente son olores de tu ambiente o señales divinas. Si sientes un olor que no está comúnmente en tu ambiente, puede que uno de tus espíritus guías tratando de comunicarse contigo.

Un ejemplo de la clariolencia es cuando repetidamente sientes olores de familiares fallecidos, puede ser su colonia, o el olor de su champú. La presencia del olor de una persona fallecida, y que alguna vez amaste, es una señal de que su espíritu está a tu alrededor. De la misma manera puede significar que el espíritu está tratando de comunicarte algo. Debes ser paciente e interpretar el mensaje que te están presentando.

Estos olores pueden presentarse de distintas maneras, desde olor de comida hasta fragancias específicas como el tabaco, pero casi siempre están relacionadas con el espíritu; reconoce su presencia e intenta reciprocar la comunicación. Una sesión de meditación puede ayudarte a ello, concéntrate en las memorias que compartieron, en cómo te hacía sentir su olor, o las emociones que se presentaron después de su fallecimiento. Esto hará que el espíritu se sienta apreciado y reconocido.

A veces no serán espíritus conocidos, sino tus ángeles guía. Si esta habilidad realmente es tu sentido dominante, los ángeles buscarán una manera de enviarte una señal usando olores, lo más probable es que este sea un olor floral. La manera en la que puedes distinguir que es un olor de origen espiritual, es identificando que no existe un objeto físico que esté generando ese olor. Por ejemplo, si sientes un olor floral dentro de tu casa sabiendo que no tienes un florero, entonces estás recibiendo una señal divina. Presta atención a los detalles de tus alrededores, una vez que hayas desarrollado la habilidad podrás usarla para diferentes cosas que te serán útiles.

Por ejemplo, puedes usar la habilidad para revivir memorias que de otra forma te serían muy difíciles de recordar.

. . .

Una sola esencia puede revivir una ola de memorias sobre una persona o una circunstancia, estas memorias pueden incluso no estar en tu mente consciente. Puede ser algo sencillo o algo extremadamente complejo, como el hecho de que el olor de una panadería específica puede desatar memorias de tu infancia, negativas o positivas.

Los olores también te permiten leer e interpretar a las personas. Puedes tener una impresión psíquica de ellos por su olor, así como puedes detectar cuando alguien está siendo deshonesto. No importa la sutileza o fortaleza del olor, puedes usarlo para identificar si la persona está asustada, mintiendo, incómoda, feliz, enamorada, y cualquier otra emoción. Puedes literalmente "oler" cómo se siente.

La manera en la que funciona esto es que la clarioliencia te permite sentir la energía. Puede que te encuentres en un lugar que te hace sentir incómodo, no sabes por qué de inmediato, pero si afinas tu habilidad del olfato psíquico, puedes detectar un olor que te ofrezca información sobre el lugar. La clarioliencia vuelve realidad la capacidad de "oler" el peligro. Puedes observarlo en el día a día, usas tu olfato para saber si la leche que estás a punto de tomar está echada a perder o sigue fresca, literalmente puedes oler el peligro y evitarlo.

. . .

De la misma manera sucede en situaciones riesgosas o peligrosas, incluso si no puedes identificar de dónde viene la señal, confía en tu instinto cuando te dice que algo no está bien.

Todos emanamos esencias naturales que se originan de las vibraciones energéticas. Incluso si la clarioliencia no es tu habilidad principal, puedes detectar el olor de todo lo que está a tu alrededor con tu energía. Pero si eres clarioliente, puedes identificar olores aún más fuertes que los comunes. Usando esta habilidad, puedes alterar el humor de las personas alineando tu esencia natural con la de ellos. Es un don poderoso y útil, así que no debes utilizarlo con motivos egoístas.

Clarigustancia (gusto claro)

Como ya te habrás dado cuenta, los sentidos físicos están directamente relacionados con los psíquicos. El último de los sentidos por lógica es el del gusto. La clarigustancia es el sentido psíquico del gusto. Se manifiesta a través de los objetos que colocas dentro de tu boca, esta subconscientemente es capaz de percibir la energía y sabor.

. . .

Ahora, esto no significa que puedas recibir señales solo por comer un pastelillo, la clarigustancia funciona con las sensaciones generadas dentro de tu boca incluso cuando no hay comida dentro de ella, similar a la manera en la funciona la clariolencia. Si esta es tu habilidad primaria, puedes sentir el sabor de todas las energías del universo, por ende, con frecuencia sientes sabores dentro de tu boca, incluso si no estás comiendo nada, que te recuerdan o conectan con alguna experiencia, idea, o circunstancia.

De manera similar a la clariolencia, sucede en momentos al azar, el sabor de las galletas que hacía tu abuela puede recordarte a tu infancia cuando ella aún vivía, esto es un claro indicio de clarigustancia. Puede que este sea el medio por el cual tus espíritus guía se quieren comunicar contigo.

De la misma forma que con el resto de las habilidades, deberás descifrar el significado por ti mismo. Pon atención al sabor, la sensación, y la memoria que dispara. ¿Es un sabor familiar? Puede incluso ser algo que no identifiques, que no hayas probado antes. Existen infinitas maneras de interpretar los mensajes, pero seguro podrás hacerlo si practicas lo suficiente. En el cuerpo físico, el sentido del olfato y el gusto están interconectados, de la misma manera puedes apoyarte en otros sentidos psíquicos.

No importa cuál sea tu habilidad predominante, es importante para tu camino psíquico practicar con frecuencia y pacientemente afinar tu instinto. No importa cuál sea tu habilidad predominante, es importante para tu camino psíquico practicar con frecuencia y pacientemente afinar tu instinto. Si eres un principiante no te apresures, no dominarás tu habilidad en un día. Si ya tienes experiencia con habilidades psíquicas, recuerda que deben ser usadas con responsabilidad, tienes un don y es algo de lo que debes sentirte afortunado. Si solo tienes una habilidad predominante no te preocupes, con la práctica podrás entrenar tu intuición para recibir mensajes a través de otros sentidos. Los tienes dentro de ti.

4

Deshacerte de tus bloqueos

El camino hacia la plenitud psíquica es muy interesante, usualmente empieza con un vago interés que eventualmente se convierte en necesidad de autoconocimiento, y si persistes en ello te dedicas a desarrollar tu intuición y tus nuevas habilidades psíquicas adquiridas. Es normal que te sientas emocionado, estás en la fase de luna de miel en la relación que tienes con tus habilidades psíquicas, estás en el proceso de desarrollar una conexión especial con tus capacidades extrasensoriales. Nada es más interesante ni emocionante, pero es importante que no pierdas el contacto con la realidad. El progreso no siempre será lineal, habrá ocasiones ya no recibas mensajes intuitivos, tu progreso se verá topado en algún punto, y es justo en este momento donde debes trabajar más duro, no debes sucumbir ante el deseo de rendirte.

. . .

Esta fase es normal. Todo comienza como una nueva y emocionante aventura, pero una vez que llegas a un punto donde tus habilidades no parecen florecer como lo esperabas puedes perder la motivación para seguir adelante. También te ayudará saber que no eres el único, algunos incluso pierden la fé en la existencia de estas habilidades, pero recuerda que estas habilidades existen, así como la luna, el sol, y otras maravillas de la naturaleza que nos rodean. Esta falta de progreso o pérdida de fé se da gracias a lo que llamamos bloqueos de energía. Antes de, o si ya te encuentras en esta situación, es necesario que aprendas sobre estos bloqueos, y es aún más importante que entiendas cómo te afectan en la liberación de tus habilidades psíquicas.

Para ayudarte a entender qué son estos bloqueos, debo recordarte lo que conllevan las habilidades psíquicas.

Retomaremos un concepto que estudiamos con anterioridad: la energía de la personalidad del alma. A veces consideramos nuestro cuerpo como lo único que nos mantiene con vida, pero nuestra verdadera esencia yace en nuestra alma. Estamos hechos de energía vibracional que nos une a nuestro ambiente.

. . .

Cuando somos niños, nuestra curiosidad, inocencia, apertura de mente, y pureza natural nos facilita esta conexión, pero a medida que crecemos perdemos el contacto con nuestras raíces psíquicas y reprogramamos nuestro cerebro para encajar en las expectativas sociales que últimamente destruyen esta conexión. Piensa en esta claridad como el parabrisas de un automóvil, si no lo lavas con frecuencia, el polvo se acumulará y eventualmente nublará el cristal que te permite ver con claridad

Si interpretamos esta metáfora, este polvo es el equivalente a un bloqueo de energía. Estos dificultan o incluso eliminan la posibilidad de acceder a tus dones psíquicos y espirituales. Si no te deshaces de ellos no podrás avanzar en el desarrollo de estos dones, o incluso usarlos en lo absoluto. En realidad, muchas personas sufren de estos bloqueos sin siquiera saberlo, y por ende nunca se dan cuenta de la presencia de sus habilidades psíquicas. No debes sentirte culpable, los bloqueos son naturales, y no te vuelven un fracaso, muchas cosas pueden causar estos bloqueos, pero las emociones son una de las más comunes. En otros individuos las dificultades físicas pueden ser causa de bloqueos energéticos.

Las emociones pueden afectar el flujo natural de la energía dentro de ti, y juegan un rol muy importante en nuestras experiencias de vida.

Las emociones positivas tienden a mejorar el flujo de energía ya que la incrementan, algunas energías positivas pueden incluir la alegría, felicidad, emoción, empatía, compasión, amor, esperanza, etc. Si inundas tu mente con energías positivas, atraerás a personas con una energía similar. Lo mismo ocurre con las emociones negativas. El miedo, ira, preocupación, odio, y la ansiedad desgastarán tu mente y tu voluntad.

Los humanos tenemos una habilidad natural para suprimir nuestras emociones. Hemos tenido que desarrollarla desde la infancia gracias a diferentes condiciones sociales. No nos damos cuenta de que suprimir estas emociones puede reducir nuestra habilidad para acceder a los dones psíquicos, estamos hechos para sentir, expresar, y vivir nuestras emociones. Cuando suprimes o reprimes tus emociones tu cuerpo se encarga de ocultarlas fuera de la vista, y eso puede convertirse en un bloqueo. A no ser que puedas dejarlas salir y eliminar el bloque puede incluso manifestarse como un padecimiento físico, los más conocidos son la ansiedad, el dolor, la migraña, dolor crónico, etc. Y aún más importante limita el acceso a tus habilidades psíquicas.

Estos bloqueos no son una regla absoluta, algunas personas pueden desarrollar sus habilidades sin enfrentarse con ellos en las primeras fases de su entrenamiento.

Pero en algún punto se detienen, y comienzan a preguntarse si han hecho algo mal. Puedes analizar la metáfora del parabrisas que expliqué anteriormente. Innatamente tenemos una vista clara de nuestro espíritu y alma, luego comienzas a adquirir conocimientos y experiencias que te llevan a formar creencias, ideas, y opiniones que pueden hacerte dudar de la existencia de tus habilidades. De la misma forma, existen personas a tu alrededor con parabrisas extremadamente sucios, no tienen memoria de lo que podían ver durante sus días de claridad, y estas personas intentarán deshacer tu fe y podrán significar un obstáculo para tu desarrollo espiritual. Al embarcarte en el camino del autodescubrimiento psíquico, te estás dando la tarea de limpiar el parabrisas que se ha ensuciado por años. Entre más entrenes, más clara será tu visión, y por ende tu espiritualidad. Pero recuerda que una limpieza no es una solución permanente, si descuidas el parabrisas de nuevo se empolvará otra vez. Lo mismo sucede con los bloqueos psíquicos, si no entrenas tus habilidades con constancia se pueden deteriorar, y eventualmente los bloqueos volverán a surgir.

Es natural que generes opiniones, emociones, e ideas sobre el mundo. Es parte de nuestro proceso cognitivo y naturaleza humana el creer comprender lo que nos rodea.

. . .

Lo haces con situaciones, experiencias, e incluso personas. A veces de manera consciente, y otras de manera inconsciente. Algunas experiencias te hacen sentir emociones de baja vibración, incluyendo el enojo, el miedo, la duda, la sospecha, el juicio, y otros sentimientos negativos. Los espíritus no pueden alinearse con emociones de baja vibración porque operan en un nivel mayor. Por ende, se les facilita alinearse con emociones como el amor, la felicidad, la alegría, y la fe, estas son emociones de alta vibración.

Así como existen diferentes habilidades extrasensoriales, también existen diferentes formas de bloqueos, dependiendo de dónde se localice es el nombre que recibe. Algunos son visibles y fáciles de encontrar, mientras que otros son un poco más discretos o poco comunes, así que se vuelven algo difíciles de identificar dentro de tu sistema. Primero nos adentraremos en los principales bloqueos y dónde pueden localizarse en tu sistema, después abordaremos cómo eliminarlos para poder acceder de nuevo a tus sentidos psíquicos.

Bloqueo de aura

Los bloqueos psíquicos surgen en el campo de las auras gracias a una distorsión de la energía.

Los bloqueos que se generan en las capas aurales son frecuentes, y suelen ocurrir porque la energía en ellas comienza a alentarse y atorarse, la energía de esta área está en constante movimiento, así que si tienes energías negativas infiltrándose dentro de ella puedes tener problemas. Algunos ejemplos son huellas y apegos como implantes o cordones etéricos. Cuando hay un bloqueo en el aura, puede aparecer con síntomas relacionados con la energía que causó el bloque o el lugar donde está situado.

Una de las mejores maneras de eliminar estos bloques en el campo aural es limpiar el aura, repararla, retirar los apegos, y afinar la frecuencia. También es importante darle mantenimiento a tu aura para mantenerla sana.

Bloqueo de chakras

Los chakras son parte de los componentes de energía que forman tu campo y cuerpos de energía. Esta fluye hacia tus adentros y afuera hacia tu cuerpo físico a través de los chakras. Existen siete chakras en el sistema, y cada uno tiene una función específica con su energía correspondiente, por ende, generan diferentes síntomas y representan diferentes bloqueos. Un solo bloqueo puede afectar todo el sistema de energía de los chakras. Además, no solo tienen repercusiones en tu campo de energía, también puede influir negativamente en tu salud mental y física.

Su efecto es tan dramático gracias a que un bloqueo en el sistema de energía evita que puedas recibirla y emitirla, reduce tu vibración, y vuelve imposible alinearte con tu espíritu. Para eliminar cualquier bloqueo en los chakras, necesitas aclarar, abrir, alinear, y balancear tus puntos de energía. Una vez liberados y balanceados se podrán mantener saludables.

Bloqueo emocional

Los bloqueos emocionales suceden en diferentes cuerpos energéticos al mismo tiempo, lo cual los vuelve un poco más complicados de deshacer que otros bloqueos.

Primero, es importante que sepas que el campo aural tiene diferentes capas, y la emocional es la localización primaria de los bloqueos emocionales. Esto tiene repercusiones secundarias en el sistema de energía de los chakras, especialmente el chakra sacro y los meridianos. Las capas aurales se extienden una sobre otra como una cebolla, es decir, la energía debe fluir a través de las superiores para llegar a las centrales; si una tiene un bloqueo las otras se verán faltas de energía, puede que estén liberadas pero la energía no podrá fluir hacia ellas gracias al bloqueo en la capa superior, y de esta forma tu cuerpo se verá afectado.

· · ·

Puedes deshacerte de bloqueos emocionales al dejar salir la emoción que estés suprimiendo, sea tristeza, ira, rabia.

También puedes ayudarte de otros cuerpos de energía para llevar a cabo una limpieza emocional.

Bloqueo mental

Este ocurre dentro del cuerpo mental. Al ser otra de las capas aurales, cualquier bloqueo en este cuerpo afectará tu mente subconsciente. Es popularmente entendido que nuestra consciencia es la herramienta más importante que tenemos, sin embargo, la mente subconsciente procesa el noventa por ciento de la información que recibimos diariamente, incluso si no siempre puedes percatarte de ello. Gracias a su continuo funcionamiento, es normal que los bloqueos mentales sucedan en esta capa aural. Para saber por seguro si tienes este tipo de bloqueo debes monitorear tus pensamientos y observar de qué manera repercuten en tus sentimientos, acciones, y reacciones. Un bloqueo en esta zona puede llevar a un bloqueo en la capa mental. Así que debes prestarle atención a tu salud mental. Si te llenas de pensamientos negativos frecuentemente, puedes dañar tu sistema de energía.

. . .

La solución es deshacerte de estos pensamientos, romper el patrón, y desarrollar nuevos sentimientos positivos.

También debes deshacerte del bloqueo de tu capa mental y luego repararlo para ayudarlo a sanar.

Bloqueo de los meridianos

A muchos les gusta comparar el sistema de energía de nuestros cuerpos con un vasto río que fluye con intensidad. Siguiendo esta metáfora, los meridianos son riachuelos que llevan energía a los diferentes cuerpos en la capa física. Cada meridiano es único y cuenta con características y funciones especiales. Cuando ocurre un bloqueo de este tipo, termina afectando estas funciones.

Las emociones son una de las causas más comunes de un bloqueo en los meridianos, esto pasa cuando la energía emocional se acumula y termina atorando el meridiano.

Si ya te encuentras en un proceso de limpieza personal, puedes aprovechar para limpiar los meridianos, si tienes la oportunidad procura que sea lo más profundo posible.

. . .

Si quieres empezar, puedes afinar los meridianos al sanar y reparar tus fallas, de esta forma los mantendrás saludables.

Bloqueo espiritual

Este puede ocurrir en diferentes lugares, tienes que encontrar precisamente donde está situado para poderlo deshacer. Nuestro cuerpo espiritual es vulnerable a las energías, es decir, puede tomar energías externas en ocasiones. Estas energías con frecuencia incluyen imprentas, apegos, e implantes, y repercuten en el cuerpo espiritual gravemente, ya que generan una herida aural. Los bloqueos en los chakras y otras partes del sistema de energía también pueden tener consecuencias en el cuerpo espiritual. Esto significa que un bloque espiritual no necesariamente se encuentra en el cuerpo espiritual, sino puede encontrarse en otros cuerpos, es importante que primero encuentres la fuente del problema para poderlo resolver.

Bloqueo de relación

Las relaciones interpersonales también son fuentes importantes de energías negativas como estrés, ansiedad, y preocupación. Este bloqueo es uno de los más difíciles de acceder y liberar ya que comúnmente tienen diferentes ubicaciones dentro de tu campo de energía. Puedes llegar a experimentar un desequilibrio en el campo que tendrá una repercusión en los problemas interpersonales. Las dos ubicaciones más comunes de este tipo de bloqueo son el cuerpo emocional y el mental.

Bloqueo de vida pasada

Estos bloqueos pueden sonar como algo de ficción, ya que ocurren en realidades alternas, pero te afectan en una realidad actual. Este bloqueo viene de acciones que fueron realizadas por tus vidas pasadas. Son un tipo de bloqueo espiritual que típicamente incluye contratos de alma, conexiones familiares, memorias, y en el peor de los casos maldiciones. Para obtener el crecimiento espiritual que seguramente buscas en este camino de autoexploración, tienes que trabajar con eliminar los bloqueos de tus vidas pasadas. Debes de volverlo una prioridad, pero recuerda no perder de vista el objetivo, si te obsesionas demasiado con tus vidas pasadas puede que te veas envuelto en un bloqueo mental en su lugar. Independientemente de su fuente, lo mejor que puedes hacer es trabajar con los problemas que se presenten en tu realidad actual.

. . .

Ahora que ya conoces los diferentes tipos de bloqueos, donde encontrarlos, y qué efectos tienen en tu sistema de energía debes aprender a cómo deshacerte de ellos. No es lo más complicado del mundo, es un proceso con una serie de pasos diseñados para lograr el objetivo de limpieza. Pero primero, es importante identificar cuando debes realizar estas limpiezas, aquí hay un par de señales que te pueden indicar el comienzo de un bloqueo:

- Pensamientos negativos constantes
- Tendencias autodestructivas
- Ansiedad y estrés
- Sentimiento letárgico y apático
- Falta de energía
- Sentimiento de estar atorado o restringido
- Sentimientos y comportamientos erráticos o inestables
- Indecisión
- Falta de motivación y dirección

Estas son maneras en las que se presentan los bloqueos en el cuerpo gracias a la fluencia de energías negativas y falta de movilidad del flujo de energía.

Cómo liberar un bloqueo emocional

. . .

La meditación es una de las técnicas más efectivas para liberar cualquier bloqueo emocional. Sin embargo, debes entender que la meditación no solo es sentarse con la mente en blanco, existe un proceso detrás de ella que debes realizar para poder limpiar tus cuerpos de energía y liberarte del bloqueo. A continuación, veremos más a profundidad este proceso.

Existen cinco pasos en el proceso de meditación, pero primero debes encontrar el lugar indicado. La meditación es un acto personal y muy íntimo, es la oportunidad de conectarte contigo mismo. Elige una locación donde puedas llevar a cabo el ejercicio sin interrupciones o molestias. Siéntate de una manera que parezca cómoda pero que sea estable, con la espalda recta y la barbilla hacia arriba. Puedes usar una silla o el piso si así lo prefieres. Relájate y cierra tus ojos. Por al menos un minuto simplemente siéntate en esa posición y concéntrate en tu respiración. Puedes recitar un mantra mientras te encuentras en esta posición y empiezas a aflojar los bloqueos emocionales.

Identifica la emoción

El primer paso es definir el origen de la emoción que está repercutiendo en tu sistema de energía.

Con tus ojos cerrados, explora las experiencias que hayan podido generar un sentimiento negativo o una reacción adversa. Puede ser una discusión que hayas tenido con tu madre, o una situación estresante en el trabajo, o el resentimiento que tienes por la ex pareja que te traicionó. Concéntrate en el primer incidente que se te venga a la mente, trata de recordar los detalles con la mayor exactitud posible, debes de ser un espectador en lugar del personaje principal. Debes tener una perspectiva externa de la situación. Al hacer esto, puedes observar la emoción que se presentó en ti durante el incidente. Identifica el sentimiento exacto que experimentaste, nómbralo, ¿enojo? ¿ira? ¿desolación? Sé específico y preciso, evita emociones generales.

Vuélvete consciente de la experiencia

Es momento de que empieces a llevar tu atención lejos de la etiqueta que le colocaste a tu emoción, ahora concéntrate en tu cuerpo físico, ¿qué sensaciones estás teniendo?

El cuerpo también siente nuestras emociones, a través de náuseas, llanto, calor, frío, presta atención a las sensaciones que tu cuerpo obtiene de ellas. La combinación del sentimiento que etiquetaste en tu mente y las sensaciones físicas es lo que componen la emoción.

No puedes separar una de la otra porque las emociones son parte del proceso cognitivo y una experiencia física por sí mismos. Por esto también son llamados sentimientos, ya que puedes sentirlos mientras los experimentas. Presta atención a tu cuerpo y lo que sientes cuando recuerdas la experiencia, cada área tendrá una sensación distinta, más caliente o más fría, presión o ligereza, en tu estómago, tu garganta, la cuenca de tus ojos. Cualquier lugar que esté teniendo una reacción sensorial indica la presencia de la emoción suprimida y causante del bloqueo.

Expresa la emoción

Ya has identificado el origen, definido la emoción, y entendido las áreas donde se encuentra principalmente el bloqueo. Ahora debes expresar la emoción que está generando el conflicto dentro de ti, coloca tu mano en la parte del cuerpo donde tienes la sensación más intensa, es el lugar donde se genera el bloqueo, mueve tu mano alrededor de los diferentes puntos hasta que los hayas cubierto todos. En cada uno, date un momento para decir "aquí siento dolor", hazlo en voz alta y con humildad.

Expresar tu incomodidad física significa que una parte de ti está fuera de balance, física, mental, y espiritualmente.

Para tu cuerpo es importante que este balance exista, pero no le es posible restaurarlo por sí mismo.

Acepta tu responsabilidad

Una de las principales razones por las cuales los seres humanos reprimimos nuestras emociones es porque no podemos aceptar la responsabilidad de sentir esa emoción, más comúnmente este fenómeno se da por las connotaciones negativas que se asocian con dicha emoción. Por ejemplo, la tristeza es una emoción popularmente conocida por ser negativa, pero en realidad es una emoción, y depende de la reacción que tengas ante ella lo que la vuelve positiva o negativa. Hazte responsable por los sentimientos que bloquean tu cuerpo, acepta que la experiencia no puede suceder en ningún otro lado más allá de tu cuerpo físico. Tú controlas la emoción, no ella te controla a ti. Realizar este ejercicio de aceptación representa el reconocimiento de tu propio poder y control sobre los fenómenos emocionales; si no puedes aceptar tu responsabilidad, no podrás deshacer el bloqueo en tu cuerpo.

Deja salir la emoción

. . .

Una vez aceptado el rol que juegas en la represión de tus emociones, estarás en condiciones de dejar salir aquella que te está causando líos. Presta atención a las partes del cuerpo donde las emociones están siendo suprimidas. Con cada respiración, deposita tu intención para liberar esa emoción. Cada vez que inhales repite tu intención para liberarte de ella. Poco a poco sentirás la tensión reducirse sobre tu cuerpo, y la relajación comenzará a apoderarse de esas áreas adoloridas. Si te ayuda, puedes hacer que tus intenciones sean vocales, recita mantras o haz sonidos que te ayuden a calmarte y deshacerte de la contracción.

Una vez que hayas completado este proceso, te habrás liberado del bloqueo o los bloqueos afectando tu campo de energía, de la misma forma podrás volver a tener acceso a tus habilidades psíquicas. Si al terminar este libro decides no seguir con tu crecimiento psíquico, aún así no te olvides de esta técnica; puedes utilizarla para fomentar tu salud emocional y mental, independientemente si deseas acceder a tus poderes psíquicos o no. Hacer esto con cotidianidad o como práctica espiritual también prevendrá futuros bloqueos.

Otras formas de deshacer bloqueos psíquicos

. . .

Además del ejercicio de meditación, hay otras técnicas y ejercicios que pueden ayudarte a dejar salir y liberar estos bloqueos, sin importar el tipo:

- **Limpieza fuentes de energía externas:** En secciones anteriores mencionamos cómo el cuerpo de energía es sensible a energías externas y tiene la costumbre de recopilarlas incluso sin nuestro conocimiento, lo mismo pasa con los campos de otros individuos. Las fuentes de energía son abiertas, así que personas externas pueden tomar un poco de la tuya, esta repartición de poder puede hacer que tu campo aural se reduzca y quede vulnerable a energías externas, es como si se enfermara a causa de virus y bacterias externas. En ocasiones otras energías entran en el cuerpo aural y se adhieren a ella. Esto puede ser muy incómodo para ti porque la energía extraña difiere de la tuya propia, y puede causar heridas, fugas, y energía errática en tus capas aurales, y puede incluso apagar tu sistema de energía. Este es el peor escenario, ya que bloqueará tu conexión espiritual también. Limpiar tu campo de energía de energías externas es la manera más efectiva de liberar y prevenir bloqueos psíquicos.
- **Remover los ganchos:** Los ganchos reciben este nombre porque se sienten como pesos

enganchados a tu campo de energía. Estos se forman en tu campo de energía cuando tienes luchas de poder con otras personas, invaden tu campo de energía, como las energías externas también pueden generar heridas, fugas, y bloqueos. Remover los ganchos es una parte importante para tu conocimiento espiritual.

- **Cortar cordones:** Estos cordones son sogas que amarran tu energía con energías externas después de pasar demasiado tiempo con personas negativas. Estos amarres disminuyen tus vibraciones hasta su menor frecuencia, lo que perjudica tu conexión espiritual interna y con entes externos también. Cuando un cordón une tu campo de energía con aquel de una persona negativa es lo mejor deshacerse de ese puente lo más rápido posible. Un canal de conexión entre dos fuentes diferentes de energía puede causar inestabilidad, y aún peor cuando una de las fuentes no tiene energías positivas o beneficiosas para tu campo.

- **Limpia los chakras:** Puede que esta no sea una técnica nueva, la hemos mencionado antes, pero es importante que recuerdes la relevancia del sistema de chakras. Deben mantenerse abiertos y limpios, incluso si el bloqueo solo está afectando a un chakra debes abrirlos todos, de otra forma la energía no podrá fluir debidamente y tu campo estará fuera de balance. Es esencial que vuelvas la limpieza de tus chakras un evento rutinario para poder mantener tu vida en balance. El sistema de energía de los chakras también tiene conexiones específicas con los órganos vitales, así que mantenerlos limpios debe ser un interés sin importar tu interés en las habilidades físicas.

- **Utiliza cristales:** Existen diferentes tipos de piedras preciosas que tienen propiedades sanadoras y limpiadoras. Esto significa que pueden ser de ayuda para alinear chakras, eliminar bloqueos, y reparar heridas y fugas que se hayan creado en la capa aural u otros lugares del campo de energía. Pueden ayudarte a expulsar energía negativa y mejorar el flujo de energía en tu campo. Coloca los cristales en tus chakras y haz un ejercicio de visualización para limpiar el bloqueo y restaurar el flujo.

- **Sanación con reiki:** El reiki es una técnica de manejo de energía con propiedades curativas para el campo aural. Puede ser de ayuda para sanar heridas, reparar fugas, y restaurar los cuerpos del campo de energía. Esta técnica necesita a un maestro sanador de reiki, aunque puede ser realizado por una persona en su propio cuerpo. Es una técnica sencilla que conlleva utilizar la mano como instrumento de sanación, colócala unos centímetros alejada de tu aura y mueve tu mano a lo largo de los puntos más importantes.

- **Consulta espíritu guía:** La última estrategia que tengo para ti es contactar a tu espíritu guía para que pueda ayudarte con los bloqueos psíquicos. Esto solo es posible si te has puesto en contacto con él antes. Si no has tenido esta oportunidad, puedes designar un horario específico al día para intentar ponerte en contacto. Utiliza la meditación para fortalecer tu conexión espiritual y contactar a tu espíritu guía.

Después de que hayas podido deshacerte de todos tus bloqueos psíquicos podrás continuar calmadamente con los ejercicios y prácticas descritas arriba para mantener tu campo de energía, aura, chakra, meridianos, y otras partes del sistema limpios y andando con fluidez. Necesitas mantener la conexión con tu espíritu para no darte por vencido en tu camino de autodescubrimiento psíquico. Crea una rutina diaria de meditación, asigna un horario específico para fortalecer tu conexión, se estricto contigo mismo y genera este hábito para ti mismo para mantener tu perseverancia.

. . .

Además, no seas duro contigo mismo. Es necesario que te des afirmaciones positivas cuando realices tus actividades.

Esto evitará que tu energía se torne negativa. Mantener una dieta balanceada y libre de conservadores puede ayudar a restaurar tu energía vital. La naturaleza también cuenta con sus propios campos de energía, esto también se refiere a los productos naturales que consumimos como las frutas y las verduras. Procura consumir alimentos orgánicos y sin conservadoras que puedan intoxicar tu campo de energía. Como último consejo pasa tiempo en la naturaleza. Los seres humanos no somos más que parte de un ecosistema de energía que proviene de la madre tierra. La naturaleza tiene propiedades sanadoras y vibraciones curativas que pueden ser beneficiosas para la afinación de tus canales y campo de energía.

5

Activar el tercer ojo y la conciencia plena

El tercer ojo es una fuente poderosa del instinto. Cada vez que cambies de dirección sin ninguna razón. Cuando tienes una corazonada sobre qué decisión tomar. Siempre que sabes quién está detrás de la puerta cuando llaman a ella. Cuando conoces a una nueva persona e instintivamente sabes que será muy importante en tu vida. Todas las experiencias intuitivas están conectadas con el tercer ojo. A medida que avances en tu proceso espiritual, te darás cuenta de ello eventualmente. Entre más abierto se encuentre el tercer ojo, más fuerte y acertado se volverá tu instinto. Si se entrena lo suficiente, puedes incluso predecir cosas que aún no han sucedido.

Despertar el tercer ojo es la clave para alcanzar una conciencia plena.

. . .

Una vez abierto serás capaz de entender lo que se encuentra dentro de ti y todo lo que te rodea. Ahora, la apertura del tercer ojo no es algo sencillo de conseguir, es un proceso arduo que requiere dedicación y disciplina para poder liberarlo por completo. El tiempo dependerá del esfuerzo que le dediques a tu práctica.

En tercer ojo se encuentra en el centro de la frente, un poco más arriba de tus cejas. Es la fuente de la imaginación, la intuición, y la sabiduría interna. No puedes verlo físicamente, ya que es el ojo de tu energía espiritual, está hecho de energía y conectado con el chakra del tercer ojo, también está conectado a la glándula pineal que es responsable de sus habilidades intuitivas. Para activarlo necesitas activar la glándula pineal. Para discutir sobre la conciencia humana es necesario mencionar el rol que juega la glándula en ella. Esta es la base de la conciencia humana, y sin ella no puedes acceder a tu potencial psíquico pleno. Ahondaremos en esta relación un poco más, ya que debes entender las repercusiones que tienen en tus habilidades clarividentes.

La glándula pineal se encuentra en el centro de tu cerebro, directamente detrás de tus ojos. Es del tamaño de un frijol y con la forma de una piña de pino color rojo grisáceo.

. . .

Por muchos años fue la herramienta vital de los hechiceros y otros místicos, pero en la actualidad se ha vuelto pasiva y su verdadero propósito se ha perdido a través de los años. La conciencia es la conexión entre el cuerpo y el espíritu. Esto vuelve a la glándula pineal la herramienta principal para la generación de este vínculo.

El sistema de chakras es el canal de energía dentro de nuestro cuerpo físico, y también tiene el control de las habilidades espirituales. Son un sistema de interconectado que distribuye la energía alrededor del cuerpo efectivamente, y la mantienen limpia y en balance, de manera similar en la que nuestro corazón bombea la sangre en nuestro cuerpo y pasa por los diferentes órganos para filtrarla, limpiarla, y repetir el ciclo. Si una parte del sistema se encuentra estancado, afectará a todo tu cuerpo.

Puede incluso causar enfermedades, ansiedad, y depresión. El centro de energía de tu cuerpo físico se localiza en los chakras, y tus órganos a lo largo de tu cuerpo.

Existe una correlación importante entre los órganos y los chakras, los órganos controlan la posición del chakra, incluso si el punto de energía no está situado justamente sobre el órgano.

. . .

Por ejemplo, el chakra del corazón se encuentra en el centro de tu pecho, sin embargo, sabemos que anatómicamente el corazón tiene una ligera inclinación a la izquierda.

En el sistema de chakras hindi, la glándula pineal es llamada el chakra Ajna, este es el nombre hindú para el tercer ojo. Para las tradiciones esotéricas, es la conexión entre los humanos y el espíritu, espacio que existe entre un individuo y lo divino, lo que te mueve a través de todas tus experiencias. Un tercer ojo despierto y saludable es la principal fuente de energía etérea, y su importancia va más allá de sus propiedades físicas, su influencia y la manera en la que afecta nuestro camino espiritual es trascendente. Abrir tu tercer ojo es la clave a todas las habilidades físicas incluida la clarividencia, telepatía, proyección astral, mediumnidad, y los sueños lúcidos. Por supuesto también se encuentran incluidas todas las habilidades que hemos visto a lo largo de este libro.

Su apertura es importante y puede traer grandes beneficios. Uno de los beneficios más importantes y útiles es el acceso a tu sabiduría interna. El conocimiento de tu persona y el dominio emocional dependen de la salud de tu tercer ojo. Una vez que lo abras te darás cuenta de la inteligencia, habilidad, y sabiduría que siempre estuvieron dentro de ti.

Con esto, te alentarás a continuar el camino espiritual que habías empezado y fomentarás la salud de tu ojo psíquico, así obtendrás cada vez más beneficios.

El tercer ojo también es beneficioso para la salud física, incluso puede ayudar a restaurarla a su máxima capacidad. Si quieres gozar de buena salud, la apertura del tercer ojo puede ser una herramienta importante. No es un substituto para una dieta balanceada rica en alimentos orgánicos y ejercicio constante, recuerda que nuestros cuerpos y lo que consumimos están llenos de energía, y esta energía positiva es necesaria para la apertura del tercer ojo. Pero sí puede ayudarte en áreas donde quizá los alimentos no juegan un rol tan importante, todos queremos vivir una vida sin miedo, preocupaciones, o ansiedades. Si liberas tus habilidades físicas y afinas tu intuición lo suficiente, puedes ayudar a reducir la cantidad de energías negativas a tu alrededor al desprenderte de personas tóxicas, evitar situaciones agraviantes, y tomar decisiones más fácilmente.

La apertura del tercer ojo requiere disciplina y esfuerzo.

Una rutina de meditación es necesaria; la meditación puede hacerte cambiar el patrón de pensamiento y ataca las energías negativas desde la raíz.

Así que puedes usar la meditación para reprogramar tu proceso cognitivo y tener un patrón de pensamientos que te beneficie en lugar de que te afecte. Te ayudará a organizar tu vida de la manera que quieras. Los pensamientos positivos atraen cosas positivas. Un patrón de pensamientos positivos puede ayudarte a incrementar tu vibración y así sacar el mejor provecho de tus habilidades físicas y el mundo espiritual. Estos recursos te brindarán ventajas para tu salud mental, espiritual, física, y emocional. Podrás acceder a entes espirituales que te ayudarán a formar mejores relaciones en todos los aspectos.

Todos los seres humanos tenemos la curiosidad de saber que pasará en nuestras vidas, si seremos felices, si encontraremos el amor, si triunfaremos en lo que queremos. No tienes porqué preocuparte por ello, este conocimiento llegará a ti cuando logres activar tu tercer ojo. El conocimiento ya está dentro de ti, solo tienes que aprender cómo acceder a él y tener las herramientas necesarias para ello. Con la apertura de tu tercer ojo podrás acceder a los bancos de información y ver el mundo desde una nueva perspectiva, creerás que todo es posible si te lo propones.

Fallarás varias veces en tus intentos por despertarlo, no debes preocuparte, significa que se encuentra bloqueado.

· · ·

Un tercer ojo bloqueado obstruye el acceso a tu intuición, imaginación, y sabiduría infinita, te sientes perdido y falto de dirección, tu energía no fluye como debe y pueden existir bloqueos en tu campo de energía, la apatía y la infelicidad se apoderan de ti, y te vuelves sordo a la voz de tu sabiduría interior. Pierdes tu instinto, la conexión con tu espíritu, y tu percepción de la vida puede verse afectada.

El tercer ojo también controla tus funciones neurológicas, así que notarás la pérdida de habilidad motriz gracias al bloqueo. El cuerpo puede no regular los ciclos de sueños correctamente, el balance metabólico, o tener dificultad para luchar contra infecciones. Te enfermarás con más frecuencia y puedes desarrollar trastornos como el insomnio o presión alta crónica. Algunas señales que indican un tercer ojo bloqueado son:

- Mente cerrada
- Falta de dirección
- Pérdida de la imaginación
- Negación
- Visión reducida
- Poca capacidad retentiva

En otras ocasiones, el tercer ojo no se encuentra saludable, sin embargo, no hay presencia de un bloqueo, por el contrario, se encuentra sobreactivado.

Esto puede llevar a otras complicaciones emocionales. Las señales de que hay actividad extra en el tercer ojo pueden ser:

- Obsesión con la visión psíquica
- Alucinaciones
- Paranoia
- Poca habilidad para concentrarse
- Pesadillas
- Periodos disociativos
- Incremento del escepticismo
- Sueños lúcidos

Cuando notes el bloqueo es importante que te deshagas de él lo más rápido posible. Puede ser un proceso largo, pero entre más pronto lo inicies más pronto llegarás a la meta. Si sigues los pasos adecuados podrás desbloquearlo a su máxima capacidad. Los tres aspectos principales que debes procurar para la apertura de tu tercer ojo son: alimento, afirmaciones, técnicas de meditación.

Alimentos para el tercer ojo

No, no hablamos de aspectos como la meditación o los pensamientos positivos, se refiere a alimentos tangibles y nutritivos.

La comida que ingieras tiene un impacto significativo en la salud de tu tercer ojo, así como su apertura. Es necesaria una dieta específica para aumentar tus habilidades intuitivas y perceptivas. Tu tercer ojo se beneficia de alimento que es beneficioso para el cerebro, especialmente aquellas que tienen una paleta de colores azul. El pigmento de este color representa todos los sueños, ideas, valores, y conexiones del universo. A continuación, te enlistaré algunos alimentos que puedes consumir para estimular la apertura de tu tercer ojo. Estos alimentos no son nada del otro mundo, e incluirlos a tu dieta te aseguro podrá tener beneficios más allá del aspecto psíquico:

- **Mora azul, zarzamora, y frutos azules:** Estos alimentos son ricos en antioxidantes, la coloración indica la presencia de flavonoides, particularmente el resveratrol que fomenta el control de la presión sanguínea y la circulación. Los antioxidantes ayudan al sistema circulatorio relajando las arterias, esto promueve una circulación sana y benefician a tu glándula pineal.
- **Ciruelas y ciruelas pasa:** Contienen otro tipo de antioxidantes llamados fenoles. Estos pueden neutralizar agentes dañinos que quieran llevar a las neuronas y moléculas cerebrales. La glándula pineal se encuentra en el centro del cerebro, así que la salud general

de este órgano es importante para que la glándula trabaje óptimamente.

- **Col morada, kale morado, cebollas moradas, y berenjenas:** Fomentan la reducción de inflamación en el cuerpo gracias a un componente llamado polifenol.
- **Pescados, nueces, y linaza:** Aunque no entran en la categoría de frutas y verduras, y tampoco presentan pigmentación morada, estos alimentos aportan omega 3, una vitamina importante para la nutrición del cerebro que reduce el riesgo de depresión, esquizofrenia, Alzheimer, y dislexia.
- **Chocolate amargo:** Este se ha comprobado tener beneficios para la capacidad mental. Estimula la producción de serotonina, una de las hormonas responsables de la felicidad en el cerebro y que además aumenta la capacidad de concentración. Es importante que busques un chocolate artesanal o con una cantidad importante de cacao. Los chocolates amargos comerciales tienen un exceso de azúcar que últimamente hará más mal que bien.

Los centros de energía de tu tercer ojo regulan las funciones de tu cerebro, ojos, orejas, nariz, y tu sistema neurológico. Un buen sistema de circulación es crítico para estas áreas vitales y que además ayudan a mantener tu sistema de energía en balance.

Síntomas como las migrañas, mareos, depresión, vista cansada, insomnio, y alucinaciones pueden ser indicadores de la necesidad de una dieta más balanceada y baja en azúcares refinadas. La próxima vez que rellenes tu refrigerador, proponte a tener variedades de alimentos púrpura entre tus compras.

Afirmaciones para el tercer ojo

Los seres humanos somos complejos, la satisfacción de las necesidades básicas ya no es suficiente para asegurar nuestra salud y óptimo funcionamiento. Las afirmaciones positivas y otros tipos de retroalimentación pueden ser maneras efectivas de mantener un tercer ojo abierto y balanceado. Las puedes integrar a tus rutinas diarias de meditación o llevarlas a cabo durante el día. Esto mantendrá tu tercer ojo libre de bloqueos y otros desbalances que puedan afectarlo. Escribe las afirmaciones en un diario y repítelas todos los días, o durante tus sesiones de meditación, o donde más te sea conveniente, lo importante es que se vuelva un hábito constante para que pueda dar resultados. Te daré una lista de afirmaciones comunes que pueden beneficiarte y ayudarte a afinar tu instinto y sabiduría interna:

- Soy intuitivo, sabio, y alineado con mi sabiduría interna

- Estor conectado con mi sabiduría interna y una consciencia superior
- Confío en el poder de mi intuición
- Busco aprender de la gran sabiduría de mi ser superior
- Estoy alineado con la sabiduría infinita de lo divino
- Veo y actúo como lo indica mi propósito divino
- Estoy abierto a la sabiduría y guía profunda
- Mi capacidad de tener alegría, felicidad, y curación es imparable
- Dejo ir mi pasado
- Le doy la bienvenida a nueva energía, nuevos lugares, nuevas personas, y nuevas experiencias
- Soy un ser iluminado por la luz de mi mente superior
- Soy la fuente de amor, alegría, y verdad en mi vida

Si estas no se adecúan a tu visión de tu ser superior, puedes escribir afirmaciones para ti mismo, personalízalas de manera que te sientas cómodo recitándolos y se alineen con las metas personas que tienes para tu vida psíquica y tu tercer ojo. Sigue la estructura de las afirmaciones que te puse de ejemplo, de esta manera puedes redirigirlas a áreas específicas de tu vida. Por ejemplo, puedes decir "Dejo ir el dolor de mis relaciones pasadas.

Permito la llegada del amor y alegría al lado de un escogido por mi sabiduría divina". Recita tus afirmaciones al menos dos veces al día además de tu sesión de meditación programada.

Técnicas de meditación para la apertura del tercer ojo

La meditación es una de las herramientas más importantes para fortalecer las habilidades físicas, debe ser tu primer recurso cuando tengas la necesidad de incrementarlas. Es efectiva, rápida, y beneficiosa para la apertura del tercer ojo. Existe una gran variedad de técnicas, unas más complejas que otras, así que te guiaré a través de las más directas y sencillas. Están diseñadas para principiantes y expertos, así que no debes sentirte nervioso si nunca has realizado una sesión de meditación antes. La primera técnica es buena para empezar:

1. Encuentra un lugar tranquilo para meditar. Evita las interrupciones, apaga tu teléfono, computadora, o cualquier otro objeto que pueda requerir tu atención. Si estás utilizando una aplicación para guiar o monitorear tu meditación procura tener el dispositivo alejado de ti para evitar la tentación de tomarlo a la mitad de la sesión.

2. Siéntate en una posición cómoda, sea en silla o en el suelo, que sea firme y estable.
3. Respira lentamente al menos diez veces. Inhala y exhala a una velocidad conveniente, no te agites ni te prives de aire.
4. Dirige tu atención al espacio entre tus cejas, donde se encuentra localizado tu tercer ojo. Concéntrate en este punto mientras respiras.
5. En este momento debes empezar a visualizar un centro de energía entre tus cejas, este es el color predominante del tercer ojo, no cambies su color durante el ejercicio.
6. Continúa respirando, con cara inhalación y exhalación imagina que este centro de energía se expande paulatinamente, crece y se siente más caliente cada vez.
7. Imagina que se purga de todas las energías negativas que tiene dentro.
8. Visualízate absorbiendo la energía que te provee, siente como te llenas de este calor.
9. Cuando sientas que has logrado absorber toda la energía, abre tus ojos.

Este ejercicio es sencillo y fácil de incorporar a tu sesión diaria, no debe durar más de 10 o 15 minutos, pero si decides alargar el ejercicio puedes visualizar diferentes puntos de tu cuerpo donde quieras purgar energía, puedes usar como referencia tus chakras, o lugares específicos donde sientas tensión o dolor.

La siguiente técnica proviene del yoga, es necesario que tomes las instrucciones al pie de la letra, de lo contrario podrías tener resultados adversos. Esta técnica es un poco más larga, te tomará alrededor de 30 minutos, si requiere más tiempo puede llegar hasta los 60 minutos:

1. Encuentra un lugar tranquilo para meditar. Este es el primer paso en todas las técnicas.
2. Inhala por tu nariz. Retén la respiración por un momento y luego exhala por la boca.
3. Relaja el rostro mientras continúas respirando. Siente como la relajación toma control de tu cuerpo.
4. Continúa relajándote paulatinamente.
5. De nuevo, concéntrate en la parte media de tu frente. Siente la energía del tercer ojo surgir con más intensidad entre más te concentres en ese punto. Visualiza la luz morada que irradia.
6. Imagina una fuente de luz que suelta rayos morados en todas direcciones.
7. Deja salir la energía, pensamientos, y sentimientos negativos por esa vía, siente como salen a través de los rayos de luz.
8. Continúa con la relajación de tu rostro y cuerpo.
9. Imagina que esta esfera de luz comienza a abrirse. Observa lo que irradia.
10. Vuélvete consciente de las sensaciones que se

generan en tu cuerpo a medida que se torna más ligero.
11. Permite que el tercer ojo se abra mientras te relajas y te vuelves más liviano.
12. Pídele a los Divinos que dejen caer luz blanca pura sobre ti, que llene cada parte de tu cuerpo y tus alrededores
13. Toma tu tiempo para sentir esta luz antes de abrir tus ojos.

Sigue estas instrucciones con cuidado y diligentemente.

La técnica tratak o trataka

Este es otro tipo de meditación especializada para el tercer ojo. Consiste en concentrar toda tu consciencia en él para entrar un estado meditativo instantáneo, es importante que te encuentres en un lugar calmado y solitario, no es recomendable hacerlo en el transporte público o en momentos caóticos a tu alrededor:

1. Asume la posición de loto (piernas cruzadas una sobre la otra, si se te complica puedes sentarte con las piernas cruzadas como normalmente lo harías). Si esta posición es

incómoda, puedes sentarte en tu silla predilecta.
2. Siéntate con la espalda recta y cierra los ojos.
3. Comienza a respirar lentamente. Hazlo tres veces.
4. Concéntrate en el centro de tu frente.
5. Con tus ojos cerrados, gira los ojos 25 grados hacia arriba, más o menos a la mitad de tu párpado.
6. Cuenta del cien al uno lentamente.
7. No muevas los ojos mientras cuentas, mantén la concentración.
8. Sentirás un cansancio ligero en los ojos, pero no será molesto. Si es doloroso lo más probable es que tus ojos estén demasiado hacia arriba, bájalos ligeramente y vuelve a empezar.
9. A medida que te acerques a los últimos números de tu conteo sentirás algo extraño en el lugar donde se encuentra tu tercer ojo. No es necesario que lo describas o lo entiendas, solo mantén la concentración en ese punto.
10. Eventualmente tendrás la sensación de que puedes ver tus pensamientos, como si pudieras verlos físicamente.
11. Dejarán de moverse después de unos segundos. Podrás verlos con claridad, casi como si estuvieras en un trance o sueño.

12. Mantente en este estado por al menos 10 minutos.
13. Después, continúa respirando para volver a tu estado natural. Relaja los ojos y permite que regresen a su posición inicial, divierte tu atención del lugar donde se encuentra tu tercer ojo.
14. Quédate quieto por un par de minutos. Permite que tus ojos se relajen por completo e inhala y exhala tres veces más.
15. Lentamente abre tus ojos y retoma tus actividades.

Has terminado un proceso de meditación importante y efectivo para fortalecer la energía de tu tercer ojo, además de que funciona como ejercicio para tus ojos físicos, los estimula y protege de daños internos. Practica esta meditación dos veces al día, en la mañana y en la noche, para desarrollar tu intuición.

Advertencia: Recuerda que esta técnica es sensible, se concentra en un aspecto de tus cuerpos energéticos. Cuando medites notarás que en ocasiones el centro de tu frente se calentará, si esto sucede interrumpe la meditación y continúa en otra ocasión.

. . .

Si eres disciplinado y constante comenzarás a ver beneficios y apertura de tu tercer ojo en un corto periodo.

Sin embargo, puede que estas señales no se presenten como las esperarías, por ende, te daré un listado de características que puedes presentar durante el inicio de la apertura de tu ojo psíquico:

- **Entumecimiento:** Puede que empieces a sentir un cosquilleo o entumecimiento en la mitad de tu frente, esto se genera cuando el tercer ojo se abre gracias a que tu consciencia se está expandiendo. Se puede sentir como que alguien está tocando ese centro o como un calor que se reparte alrededor de esa área. Es una sensación que aparece al azar y no necesariamente mientras estás haciendo el ejercicio de meditación.
- **Incremento en tu intuición:** Este es uno de los signos más aparentes del despertar, lo notarás en todos lados incluso sin estar pendiente de ello. Tus habilidades intuitivas mejorarán. Estas aparecen en momentos que no esperas, pero aún así notarás el cambio una vez que tu ojo se encuentre abierto, no tendrás momentos intuitivos al azar, si no que sentirás como esta te guía a través de tus decisiones, caminos, y tu vida en general. No la ignores, acéptala como es y permite que te guíe con su infinita sabiduría.

- **Sensibilidad a la luz y el color:** Este proceso puede ser sutil, no te volverás alérgico al sol de la noche a la mañana, pero sí notarás un cambio. Esta sensibilidad indica que tus instintos están agudizándose para poder lograr la consciencia plena. Te volverás más consciente de tus alrededores gracias al despertar de tu tercer ojo.
- **Cambio gradual:** No todos los indicadores suceden de manera repentina o al azar. Tu nueva habilidad y herramienta te ayudará a obtener una nueva y más profunda perspectiva de la vida y el universo. Naturalmente comenzarás a hacer cambios gracias a esta nueva perspectiva y llevará a modificaciones en tus relaciones, estilo de vida, e incluso tu personalidad. Estos cambios son graduales pero beneficiosos para tu vida, así que acéptalos con alegría cuando lleguen. También cambiará tu forma de interactuar con el mundo, tu trato hacia las personas, animales, la naturaleza, etc. cambiará, puede que te vuelvas más tolerante y amable.
- **Dolores de cabeza frecuentes:** Un tercer ojo abierto llevará a dolores de cabeza. Esta presión sucede gracias a una sobrecarga de energía en tu cerebro, esta se da gracias a la apertura del tercer ojo, puedes usar esta energía para meditar o realizar otras

actividades que te interesen. La presencia de dolores de cabeza indica que la glándula pineal se está activando paulatinamente.

A medida que tu tercer ojo se abre gracias a los ejercicios de meditación tendrás algunas experiencias bizarras.

Debes de tener cuidado o estas experiencias podrían abrumarte y generar energías negativas que puedan generar bloqueos y entorpecer tus habilidades. Trata de tener planes para solucionar estas situaciones:

- **Falta de sueño:** Te sentirás más cansado de lo normal. La apertura del tercer ojo conlleva la presencia de sueños y pesadillas lúcidas. Esto puede afectar tu descanso y mantenerte despierto. Esto llevará a condiciones crónicas como fatiga y cansancio. Incluso durante el día puedes tener memorias vívidas de tus pesadillas. Para evitar eso medita todas las noches antes de ir a dormir, te purgarás de energías y sentimientos negativos que puedan afectar tus sueños o generar imágenes abrumadoras. También puedes llevar un diario de sueños para identificar patrones o símbolos que se repitan en ellos. Una vez que entiendas el mensaje que tu tercer ojo te quiere

comunicar tus sueños serán menos intensos y recurrentes.
- **Proyección o viaje astral:** Esta es una experiencia única en su tipo, incluso les ocurre ocasionalmente a personas sin ningún entrenamiento psíquico. Una proyección astral se da cuando tu cuerpo astral se desprende de tu cuerpo físico para explorar el mundo, no importa el lugar del universo al que quiera ir, incluidos otros planos superiores. Entre más fortaleza tenga tu tercer ojo, más frecuentes serán tus experiencias de viajes astrales. Puede ser una experiencia aterradora si es la primera vez que te ocurre. Por ello, es importante que sepas que los clichés que has visto en las películas son falsos, y no existe la posibilidad de que no puedas volver a tu cuerpo. Los viajes astrales no son peligrosos por sí mismos, y son una señal que has desarrollado un fuerte poder psíquico.

En resumen, para que puedas mantener un tercer ojo sano y abierto debes de mantener una vida estructurada e igualmente balanceada, recuerda:

- Meditar al menos 10 minutos por las mañanas y las noches.
- Utilizar aceites esenciales para estimular tus puntos de energía.

- Duerme al menos 8 horas al día.
- Come comida nutritiva y que estimulen la apertura del tercer ojo.
- Recita afirmaciones positivas todas las mañanas y noches.

6

Cómo usar tus habilidades para leer la energía a tu alrededor

Todo lo que se encuentra en el universo está hecho de energía, es la fuerza que nos guía a lo largo de nuestra vida. El propio universo está hecho de ella, puede manifestarse de muchas maneras. La energía es el elemento más vital en el mundo. Saber cómo leerla, por supuesto, supone una gran ventaja ante otras personas, te da la habilidad de analizarlas hasta su centro y ver más allá de las máscaras que han tenido que crear gracias a la sociedad. Podrás ver a las personas por lo que son, no por lo que quieran que veas.

La lectura de energía es la habilidad para sentir e interpretar el campo de energía de un individuo.

. . .

Todos tenemos este campo, y es único dependiendo del individuo, similar a una huella digital de energía, pero esta se encuentra en constante cambio influenciada por los pensamientos y emociones pasadas y presentes. Si aprendes a leer la energía de una persona, estás básicamente aprendiendo a leer sus pensamientos y emociones.

Recuerda que es importante que tomes esta habilidad con seriedad y la uses responsablemente, debe ser una herramienta que te ayude a crear una vida más armoniosa, no para que explotes los miedos más profundos de aquellos que no te agradan.

Este concepto de lectura de energía ha existido a lo largo de la historia; existen muchas leyendas sobre personas capaces de descubrir los secretos más ocultos de un ser.

Comúnmente estos individuos con dones sobrenaturales han sido llamados psíquicos. Ahora sabes que no es que sean sobrehumanos, los psíquicos son personas altamente intuitivas y sensibles al flujo de la energía universal, aquellos que han entrado por muchos años pueden identificar la más mínima alteración en los campos de energía y sacar sus propias conclusiones sobre la causa.

. . .

La lectura de energía también es llamada lectura de auras, son dos términos distintos para la misma actividad, sin embargo, es importante que notes que el término "lectura psíquica" si tiene diferencia con los otros dos mencionados. La diferencia principal es que la lectura de energía se concentra en los órganos sensoriales y la psíquica involucra conectarse con los planos astrales. Cualquier persona altamente intuitiva, sea psíquica o no, puede realizar lecturas de energía, pero solo alguien que tenga experiencia conectándose con los espíritus podrá realizar una lectura psíquica. En resumen, la lectura de energía utiliza las auras como fuente de información, mientras que la psíquica utiliza a los seres divinos como fuente.

Tomemos como ejemplo una corazonada, cuando simplemente sabes que algo sucederá o no sucederá sin tener en claro cuál es la fuente de este conocimiento. Esta es tu intuición siendo capaz de leer la energía de otras personas, objetos, o animales que te están indicando un resultado posible a una acción o actividad. Todos somos capaces de leer la energía, muchos de nosotros podemos inmediatamente saber si nos agrada o no una persona, si su energía vibra similar a la nuestra lo más probable es que exista una conexión o agrado instantáneo, pero es normal que le atribuyamos esto al destino y no a nuestra habilidad innata de leer energías externas.

. . .

La diferencia entre un lector de energía y una persona con una corazonada es que el lector se ha entrado para afinar y utilizar su intuición de manera automática y a voluntad.

Aprender a intuir puede ser una herramienta importante para tu vida. Podrá ayudarte a encontrar respuestas a problemas que parecen no tener respuesta. Por ejemplo, si estás realizando un proyecto personal te sientes atorado o sin capacidad de continuar, puedes tener una lectura de energía para entender por qué. Todo lo que sucede en nuestras vidas es parte de la energía que fluye dentro de nosotros, así que es una buena idea hacerte una lectura si piensas que puede existir un bloqueo.

La lectura de energía también puede ser una herramienta de apoyo cuando necesites tomar decisiones importantes sin importar la rama de tu vida que esta decisión pueda afectar. Te ayudará a entenderte a ti mismo a profundidad y las experiencias que has tenido en tu vida. Al interpretar tu campo de energía puedes encontrar el camino indicado que debes de seguir en tu vida. Aquí te dejo una lista de ventajas que puedes recibir de aprender a leer las auras:

- Recibirás consejo divino.

- Reconocerás las áreas de tu vida que necesitan atención.
- Detectarás y te desharás de bloqueos de energía.
- Fomentarás el crecimiento de tu intuición.
- Podrás sanar traumas pasados.
- Obtendrás conocimiento e información sobre ti mismo.
- Obtendrás una nueva perspectiva de la vida.
- Aprenderás a resolver los problemas con una nueva mentalidad.
- Balancearás tus chakras.

Estos son solo algunos de los beneficios que obtendrás después de desarrollar esta habilidad.

Como ya habrás podido intuir gracias a los conceptos que hemos visto en capítulos pasados, las emociones juegan un rol muy importante en nuestro sistema de energía, y esto es gracias a que las emociones son la forma más común de expresar tu energía. Es la vibra que recibes y emites a otras personas cuando te sientes bien o mal. El flujo de energía manifiesta tus emociones y provoca la recepción de las emociones de otras personas.

. . .

Si te rodeas de gente positiva sentirás un flujo positivo y tu humor mejorará, si te rodeas de gente con energía negativa tendrás problemas de estrés, ansiedad, cansancio, e incomodidad.

La energía emocional es muy importante, es contagiosa.

Tu familia, amigos, pareja, todos tienen un lazo emocional contigo y por ende un intercambio de energía, la principal diferencia entre una relación tóxica y una saludable es la energía emocional. Antes de tomar la decisión de involucrar a una persona en tu vida es preferible que realices una lectura rápida para identificar su fuerza vital. Podrás utilizar esta técnica para establecer tus relaciones personales, de negocios, amistades, e incluso decidir con qué familiares mantener más contacto. La compatibilidad de energía es importante, es vital para la salud de tus relaciones.

Sabemos que las personas aprenden a mentir desde temprana edad, las expectativas sociales nos llevan a cambiar aspectos de nuestra personalidad, e incluso a ocultar otras. Muchas personas son excelentes para ocultar su naturaleza al inicio de una relación, algunas banderas rojas son indetectables.

. . .

Pero no pueden cambiar su energía a voluntad, sobre todo si no saben que la estás leyendo. Si te das cuenta de que su energía no es congruente con sus palabras y acciones, entonces está escondiendo algo. La energía no puede mentir. Aquí te dejo unos ejemplos de energía no congruente con acciones y palabras:

- Alguien te dice que no quiere lastimarte y busca tu bienestar, pero puedes sentir peligro a su alrededor, te hace sentir ansioso y en guardia.
- Tu amigo ríe y se la pasa bien, pero puedes sentir una energía negativa, una tristeza a su alrededor.
- Una persona hace un gesto romántico enorme, pero no puedes sentir su pasión ni amor, como si fuera una acción mecánica y sin sentimiento.

La energía que otras personas emiten revela sus verdaderas intenciones, y su verdadera naturaleza. Es fácil ligarlas con sus verdaderas emociones. Algunas personas ni siquiera están conscientes de que están mintiendo sobre sus sentimientos, aquellos que tienen poca autoconciencia emocional pueden presentar un desfase en sus acciones y energía. Independientemente de cual sea la intención, serás capaz de descifrarlo gracias a las lecturas de energía.

· · ·

La parte más importante es prestar atención a los mensajes que te da tu cuerpo. Confía en tu intuición, tu cerebro consciente intentará racionalizar sus acciones y descifrar el significado de su comportamiento, pero es imperativo que escuches a tu sabiduría interior. Presta atención a las sensaciones que tiene tu cuerpo. ¿Te animas? ¿Te desanimas? ¿Te sientes energizado? ¿O sientes que la energía se escapa de ti? La reacción de tu cuerpo te dará más información de lo que tu mente consciente podría, por ello es importante aprender esta técnica, y a continuación te enseñaré cómo.

Siente su presencia

Tomate tu tiempo para sentir la energía que emiten las personas. No te permitas ser distraído por las acciones que están realizando o las palabras que están recitando.

Adáptate a su atmósfera para tener una buena interpretación de su persona. El carisma es la fuerza magnética que te atrae a una persona, pero debes recordar que esta no siempre está conectada con el espíritu de un individuo.

Presta principal atención a este tipo de personas, debido a que podrían sorprenderte en el futuro.

Un buen ejemplo de esto son los asesinos seriales. Estos tienden a ser narcisistas y egocentristas, pero algunos de los más famosos asesinos también eran los hombres más carismáticos conocidos. Los narcisistas buscan a personas altamente intuitivas y sensibles para consumir su fuerza energética. Confía en tu instinto y mantente alerta alrededor de personas que son carismáticas sin emitir una energía correspondiente. Cuando estés sintiendo la presencia de una persona presta atención a lo siguiente:

- Si su energía es caliente o fría.
- Si sientes que te llena de energía o la drena.
- La presencia o falta de una calidez amigable que te atrae a ella.
- Si se distrae o está consciente de lo que está haciendo

Observa sus ojos

El ojo es un sentido poderoso. Es uno de nuestros principales receptores de información, y también pueden expresar muchas cosas. Si alguien te odia, puedes darte cuenta por su mirada. Si alguien te adora, también lo reflejarán sus ojos. Estos emiten energía poderosa y proyectan señales electromagnéticas.

Estas señales son la razón por la cual en ocasiones puedes sentir cuando alguien te está observando incluso si estás solo.

Presta atención a los ojos de las personas. ¿Está enojada? ¿Irradia odio? ¿dolor? ¿tranquilidad? Observa todo el rostro también, ¿su expresión es congruente con su mirada? Algunas personas se ven agresivas, pero tienen ojos gentiles.

Identifica lo que genera en ti un roce, abrazo, y apretón de manos

La energía también puede ser transmitida por el contacto físico, como cables de alta tensión conectando dos cuerpos. El contacto físico indica mucho sobre los sentimientos e intenciones de una persona. ¿Te sientes incómodo por el contacto? ¿se siente cálido? ¿sincero? ¿es un contacto intenso o ligero? Presta mucha atención a las sensaciones que genera en tu cuerpo, así podrás interpretar las emociones y el estado mental de la persona.

Además de las pistas físicas, la vibra que recibes también revelan emociones.

. . .

Cuando una persona te sacude transmite energía, calma, o gentileza, así como algunas personas transmiten hostilidad, dependencia, o incluso succionan tu energía. Debes cuidarte de estas personas, si te rodeas de ellas por mucho tiempo puede que tu reserva de energía no te de abasto.

Si dudas de la positividad de una energía, es mejor que evites el contacto físico.

Presta atención a su tono de voz

Cuando alguien habla, se ríe, o grita debes prestarle atención al tono y el volumen, estas son herramientas del lenguaje que utilizamos desde el inicio de los tiempos y son parte importante de nuestro proceso de comunicación. Las vibraciones son creadas por frecuencias de sonido, y puedes escucharlas, y si no, puedes sentirlas.

¿Qué efecto tiene en ti la risa o voz de la persona? ¿Su tono es amigable? ¿hostil? ¿frío? ¿cordial? ¿monótono? Las palabras son transmitidas por la energía del tono de voz de una persona. La risa también indica seriedad o simpleza, ¿su risa es genuina? ¿falsa? ¿ruidosa? ¿recatada? Presta atención a las sensaciones que te provoca su risa.

. . .

Toma en cuenta su vibra

Además de los indicadores que ya mencionamos, presta atención a la energía que emiten en general. ¿Qué sientes al estar cerca de esta persona? ¿Qué energía te está compartiendo? ¿De dónde viene? ¿Se preocupa por ti?

¿La vibra es positiva? ¿amable? ¿O sientes que te está mintiendo? Eres naturalmente receptivo a las energías de otras personas, así que presta atención. La energía no puede engañarte, así que debe de ser tu principal fuente de información cuando te relaciones con alguien. La técnica de lectura de energía es sencilla, pero debes realizarla de la manera correcta, aquí de dejo unos cuantos consejos para leer a alguien a quien recién conoces:

- **Intenta formar una conexión:** Este es el primer paso de la relación humana, nuestros instintos primitivos nos reducen a conexiones invisibles que puedan indicar cooperación o beneficio. Si te portas hostil, la otra persona se tornará defensiva. Empieza con un saludo directo, cálido, y positivo. Hacer esto te permitirá remover cualquier sesgo que pudieras tener de la persona, debes asegurarte de no tener prejuicios hacia ella, de otra manera puede repercutir en la objetividad de tu lectura. Permanece neutral y no permitas que tu cerebro te provea información innecesaria.

- **Ten un objetivo:** Cuando lees un libro, usualmente sabes lo que quieres encontrar antes de abrirlo. ¿Qué quieres saber sobre la persona que está frente a ti? Recuerda que el campo de energía está lleno de información sobre diferentes aspectos de nuestras vidas, si tienes en mente lo que estás buscando podrás filtrar la información y quedarte con lo que realmente necesitas. Presta atención a lo que consideres relevante para tu relación actual o futura con esta persona.

- **Escucha con atención:** No te distraigas, presta atención a lo que estás leyendo sobre la persona, cada pensamiento, sentimiento, imagen, dato que llegue a ti. Asegúrate de no juzgar inmediatamente hasta tener toda la información. Una de las barreras más grandes que tienen las personas para usar tu intuición es su incapacidad de tener confianza. Siempre recibes información intuitiva, pero en muchas ocasiones te encuentras ignorando esa voz interior, quizá crees que es imaginaria, ilógica, o innecesaria, pero ahora que sabes las ventajas que tiene esta voz, puedes empezar a hacer cambios sobre cómo la usas. Confía que la información que te otorga tiene un propósito, y la mayoría de las veces su objetivo es protegerte.

- **Observa cuidadosamente:** Recuerda que tu cuerpo constantemente te comunica cosas. ¿Cómo te sientes con la información que estás recibiendo? Los humanos somos complejos y estamos en constante cambio, pero hay algunos límites que deben mantenerse firmes para evitar energías, sentimientos, y pensamientos intrusivos. Si desarrollas una conciencia efectiva, podrás saber mucho sobre una persona al observar las reacciones y sensaciones que tiene tu cuerpo mientras estás a su alrededor. Presta atención a los aspectos que cubrimos en esta sección y su energía en general.

Esta guía rápida te ayudará a empezar tu entrenamiento como lector de energías. Aún así, es necesario un poco más de entrenamiento para poder identificar de inmediato la energía que estás absorbiendo de la persona y discernirla de tu propia energía. Entre más practiques, más intuitivo se volverá este proceso. No necesitas lecturas psíquicas para leer a las personas de tu alrededor, solo usa tu intuición. De nuevo, tu fuente principal de intuición es tu tercer ojo, así que dedícate a abrirlo y mantenerlo sano para tener lecturas más exactas.

7

Los 7 chakras

En un capítulo anterior mencionamos uno de los sistemas de energía más importantes del cuerpo físico: los chakras. Sin embargo, fue una descripción muy rápida de lo que representa este sistema. En este capítulo, te daré una visión más profunda de su composición y la función que tiene cada uno de los puntos de energía, de igual manera te explicaré cómo repercuten en tus habilidades psíquicas.

Todo nuestro cuerpo está envuelto en puntos de energía o chakras, pero los más conocidos son los siete puntos principales. La traducción literal de la palabra "chakra" es "rueda", son puntos de energía que le permiten fluir a lo largo de tu cuerpo y mantenerlo saludable; para ello, como ya habíamos comentado, deben estar desbloqueados, saludables, y balanceados.

Cuando te imágenes los chakras, imagina un sistema de ruedas conectadas en un motor, y estas pueden girar gracias a tu energía vital.

Todos tenemos un cuerpo físico que sirve como contenedor para nuestra alma, estos son los dos conceptos más básicos de la vida humana. Sin embargo, existen otros cuerpos además de estos dos. El primero es el cuerpo de energía, también llamado aura. Más adelante ahondaremos en este tema, pero por ahora continuemos con el campo de energía.

Los siete chakras son puntos de energía que están situados a lo largo de todo tu sistema, por lo cual también son llamados centros de energía. Procesan la energía y le permiten fluir con libertad a otros puntos menores de energía del cuerpo. Cada uno tiene un área específica de cobertura. Tus chakras son sensibles a los pensamientos, emociones, traumas pasados, y otros problemas que estén ligados a tus sentimientos y emociones. Estos efectos que se generan en el cuerpo físico tienen a malinterpretarse como una enfermedad física o simples problemas normales, y por ello bajan la guardia. Cuando una persona es indiferente a la salud de sus pensamientos y emociones es porque consideran que no tienen un impacto directo en su salud física, pero esto no es verdad.

. . .

Asumamos que eres una persona que ha sufrido de una condición estomacal crónica desde su adolescencia. Te consideras de estómago sensible. Además de ello, vives en un ambiente familiar tóxico, tus padres tienen poca consideración por lo que quieres en la vida y te fuerzan a seguir sus pasos. Tu única función es seguir órdenes y respetar a la autoridad. Con frecuencia tienes que reprimir tus sentimientos y opiniones porque expresarlos puede indicar altanería. A simple vista estos dos hechos no tienen una relación, ¿cierto? Sin embargo, si tomas en cuenta tu sistema de energía puede que veas estos problemas desde una nueva perspectiva.

Gracias a la naturaleza controladora de tus padres, has desarrollado una relación tóxica o de repulsión hacia el concepto de poder. Esto seguramente ha bloqueado tu chakra plexo solar. La falta de libertad y el arrebato de tu libre albedrío generan emociones que pueden causar un bloqueo de energía. Este bloqueo también repercute en tu cuerpo físico, y en el cuerpo de energía. Los chakras son las conexiones entre todos tus cuerpos, su salud es necesaria para el balance general de tu vida.

Chakra raíz

. . .

El primer chakra en el sistema de energía es el chakra raíz y puedes encontrarlo en la base de tu espina dorsal. Es el primero que se presenta en tu sistema de energía. Es una representación de tu instinto primario básico: la supervivencia. El chakra raíz está relacionado con tu seguridad, estabilidad, e integridad física. Está cerca de la tierra para que siempre puedas estar estable. Aspectos de tu vida como una familia saludable, un trabajo estable, y una carrera en crecimiento indican la salud de un chakra raíz.

Cuando este se encuentra en balance te sientes seguro, protegido, centrado, y feliz. Si este dejara de funcionar de manera óptima podría indicar la presencia de un bloqueo. Algunos síntomas incluyen miedo, ansiedad, incertidumbre, inestabilidad financiera, y desapego. Por el contrario, si llegara a estar más activo de lo indicado, este chakra domina todos los aspectos de tu vida. Los síntomas de un chakra raíz acelerado incluyen agresividad, materialismo, avaricia, cinismo, y sed de poder. Cuando este chakra se bloquea, el cuerpo físico puede presentar los siguientes síntomas:

- Constipación
- Desórdenes alimenticios
- Problemas en la espalda baja
- Dolor en la ciática
- Color en las piernas

El color rojo representa a este chakra, y está conectado con la glándula adrenal. Los cristales de color rojo son útiles para repararlo y sanarlo.

Chakra sacro

Es el segundo punto de energía en el sistema, justo debajo del ombligo y a la altura de tus órganos reproductivos.

Aunque es un poco obvio por su posición, este chakra controla tu poder creativo, conexión con otras personas, y tus deseos sexuales. Un chakra sacro balanceado significa que vives una vida creativa y alegre. Deseas aventuras y haces descubrimientos de la vida que te rodea; te sientes cómodo con tu sexualidad, y tienes una vida sexual saludable. Eres una persona naturalmente íntima y te das el tiempo de satisfacer tus deseos.

Un chakra sacro balanceado y saludable manifiesta una gran pasión, apertura de mente, creatividad, optimismo, y un deseo sexual saludable. Cuando se encuentra funcionando en bajas capacidades, las repercusiones físicas pueden ser:

- Poco deseo sexual

- Falta de creatividad
- Falta de intimidad en nuevas relaciones o relaciones existentes
- Relaciones disfuncionales
- Sentimientos de desolación
- Desórdenes de identidad sexual

Por otro lado, cuando se encuentra más activo de lo indicado, los síntomas físicos pueden incluir:

- Adicción al sexo
- Tendencias manipuladoras
- Hedonismo
- Exceso de emociones

Cuando se encuentra bloqueado o insano:

- Infertilidad o impotencia
- Disfunción sexual
- Dolor en la cadera
- Menstruación irregular
- Problemas urinarios

Este chakra es representado por el color naranja y se conecta con las gónadas. Los cristales con color naranja ayudan a su mejora, tales como el zafiro naranja, la cornalina, y el topacio imperial.

. . .

Chakra plexo solar

El chakra que usamos en el ejemplo al principio de este capítulo, podrás intuir que se encuentra sobre el ombligo, en la parte media de tu área estomacal. Este chakra juega un rol importante en nuestra intuición, es el que genera la sensación en el estómago que nos indica una corazonada. Si te sientes en control de tu vida y seguro de las decisiones que tomas, entonces tu plexo solar seguramente está balanceado. De no ser así, entonces puede estar bloqueado o deficiente. Algunas culturas que refuerzan la idea de figuras autoritarias que no deben ser cuestionadas a medida tienen problemas con su plexo solar.

Cuando este chakra está sano y en balance, te sentirás confiado de la dirección que estás escogiendo para tu vida. También te vuelves consciente de ti mismo y tu sentido personal. Cuando este se encuentra letárgico o enfermo puedes experimentar:

- La sensación de estar perdido en la vida
- Baja autoestima
- Complejo de inferioridad
- Sensibilidad a la crítica incluso cuando es constructiva
- El sentimiento de impotencia

Si por el contrario se encuentra más activo de lo normal:

- Actitud dominante
- Egoísmo
- Sed de poder
- Perfeccionismo
- Tornarte prejuicioso

Un bloqueo total o problemas en este chakra se pueden manifestar de la siguiente manera:

- Hipertensión
- Hipoglucemia
- Estómago sensible
- Problemas de digestión
- Diabetes
- Fatiga crónica

El color que representa al plexo solar es el amarillo, y está conectado con el páncreas. Los cristales que pueden ser de ayuda para su sanación incluyen: zafiro amarillo, ámbar, citrino.

Chakra del corazón

. . .

El chakra del corazón está situado en el centro de tu pecho, justo a la derecha de tu órgano vascular. Este es el responsable de generar sensaciones en el pecho cuando sentimos una emoción fuerte, como la calidez que parece emitir nuestro corazón cuando vemos o pensamos en alguien que amamos. Este chakra es sencillo de entender, controla tu capacidad de emitir y recibir amor, contribuye a tus relaciones y se preocupa por la compasión y solidaridad con otros seres humanos. Si constantemente estás teniendo problemas en tus relaciones, o temes enamorarte, puedes tener un desbalance en este chakra.

Un corazón sano se refleja en la manera con la que te relacionas con las personas:

- Tus amistades son pacíficas y balanceadas
- Amas y te sientes amado
- Eres tolerante
- Sientes compasión por otras personas y criaturas
- Te sientes conectado con todas las energías del universo

Un chakra del corazón letárgico o bloqueado puede generar amargura y odio dentro de un individuo, así como falta de tolerancia, empatía, pérdida de la conexión con la vida, problemas de confianza, entre otros síntomas negativos. Si por el contrario se encuentra super activo, puedes manifestar lo siguiente:

- Celos
- Codependencia
- Necesidad o apego excesivo
- Exceso de autosacrificio
- Dar de más

Los problemas en este chakra se manifiestan físicamente de las siguientes maneras:

- Problemas de espalda alta
- Enfermedades del corazón
- Problemas circulatorios
- Presión alta
- Problemas pulmonares

Este chakra se relaciona con el color verde y se conecta con la glándula timo. Cristales como el jade, la esmeralda, cuarzo rosa, entre otras de tonalidad verde son útiles para sanar o desbloquear este chakra.

Chakra de la garganta

El chakra de la garganta está situado donde su nombre lo indica.

Se relaciona con la comunicación y el habla, y cómo usamos esta para expresarnos de manera concisa. Maneja las habilidades de comunicación y capacidad para expresarte efectivamente. Si sientes que te cuesta trabajo poner en palabras lo que estás pensando o sintiendo puede indicar la presencia de un problema en este chakra.

Cuando está balanceado, puedes hablar con la verdad sin problema alguno. Señales de un chakra de la garganta saludable incluyen:

- Comunicación clara
- Habilidad para expresarte sin miedo o inhibición
- Creatividad
- Confianza para dar un discurso
- Diplomacia
- Habilidad para dar consejos útiles y valiosos

Por otro lado, cuando no está a su óptimo rendimiento se pueden observar estos síntomas:

- Incapacidad para decir lo que piensas
- Incapacidad para expresarte efectivamente
- Ser incomprendido o malentendido
- Guardas secretos
- Introversión
- Problemas para escuchar o comprender

Cuando se encuentra con super actividad, puede que manifiestes los siguientes síntomas:

- Críticas a otras personas
- Generación de opiniones inflexibles
- Propensión a los cotilleos
- Gritar para comunicarte e interrumpir a otros

Estos problemas se pueden manifestar en el cuerpo físico de la siguiente manera:

- Sistema inmune debilitado
- Susceptibilidad al resfriado común y otras enfermedades estacionarias
- Tos crónica
- Dolor de garganta
- Problemas del oído

El color representante de este chakra es el azul y se conecta con la glándula de la tiroides. Los cristales de tonalidad azul pueden ayudar a sanarlo y balancearlo.

El chakra del tercer ojo

En este libro hay un capítulo entero dedicado a este tema y al tercer ojo.

· · ·

Lo más importante que debes recordar es que es el chakra más conocido y está directamente ligado con la intuición y las habilidades psíquicas, es la fuente intuitiva más grande del ser humano, es el ojo de nuestra mente.

Cuando está saludable, puedes observar los siguientes síntomas:

- Imaginación activa
- Intuición aguda
- Pensamientos claros y acertados
- Un sentido de dirección y visión
- Percepción extrasensorial

Un tercer ojo de bajo rendimiento puede conllevar:

- Falta de concentración
- Creatividad e imaginación vagas
- Falta de memoria
- Pérdida de sentido común
- Pérdida de dirección
- Falta de habilidades y percepciones extrasensoriales

Un tercer ojo con demasiada actividad puede llevarte a desarrollar síntomas como:

- Alucinaciones

- Pensamientos erróneos
- Pesadillas y sueños en vivo
- Pensamientos obsesivos
- Percepciones extrasensoriales hiperactivas y sin control

Físicamente, estos problemas se manifiestan de la siguiente manera:

- Falta o pérdida de visión
- Cansancio ocular
- Dolores de cabeza
- Falta de sueño
- Problemas de memoria
- Falta de concentración

Como ya habíamos mencionado, el color morado o el índigo representan al tercer ojo y se conecta directamente con la glándula pineal. Los cristales con tonalidad morada son efectivos para limpiar y balancear este chakra.

Chakra corona

Este recibe su nombre gracias a su locación en la cima de la cabeza. Representa la conexión con tu consciencia superior, es el centro espiritual de tu cuerpo.

Si el chakra más bajo está localizado en la espina dorsal y relacionado con la tierra, el chakra más alto está relacionado con lo divino. Es el canal de entrada de toda tu energía; cuando meditas, este chakra es la salida por la cual accedes al universo. Cuando está balanceado, los síntomas incluyen:

- Confianza en el cosmos
- Conexión con lo divino
- Un sentimiento de amor universal
- La habilidad para entender la información más sencillamente
- Alta inteligencia y consciencia de tu ser

Un chakra corona bloqueado o de bajo rendimiento puede generar:

- Aislamiento y depresión
- Problemas de aprendizaje
- Juicio nublado
- Desconexión del mundo espiritual
- Pérdida de la fe

Cuando por el contrario se encuentra más activo de lo debido, entonces:

- Obsesión o adicción con el área espiritual
- Actitudes prejuiciosas
- Dogmatismo

- Sentimientos de superioridad

Estos problemas se pueden manifestar físicamente de la siguiente manera:

- Problemas neurológicos
- Dolor nervioso
- Migrañas
- Problemas cognitivos

El color representativo del chakra corona es el blanco y está conectado a la glándula pituitaria. Las gemas transparentes como la amatista, el diamante, o el cuarzo claro pueden ser efectivas para su limpieza y balance.

El impacto de balancear tus chakras en tu desarrollo psíquico

Como podrás haber intuido en este punto, los chakras juegan un rol muy importante en tu energía, intuición, y salud general, todos los cuales son aspectos importantes para el desarrollo de tus habilidades psíquicas. Si tu sistema de energía no se encuentra balanceado, no serás capaz de recibir consejos divinos de tus guías espirituales.

. . .

Mantenerlos abiertos es una obligación si quieres desarrollar tus habilidades de clarividencia.

Cada uno de tus sentidos claros está ligado a un chakra, y estos conforman tu sistema de energía. Son tu conexión con el mundo espiritual y el universo. Por ende, el tercer ojo no es tu única conexión con lo divino y tus sentidos psíquicos. Otros de tus chakras también están ligados con sentidos psíquicos relevantes. Recordemos los cuatro principales sentidos psíquicos:

- **La clarividencia:** Ligada al chakra del tercer ojo.
- **La clariaudiencia:** Está ligada al chakra de la garganta
- **La clarisentencia:** Ligada al chakra plexo solar
- **La clariconciencia:** Ligada al chakra corona

Cuando los chakras están abiertos, libres, y balanceados, los portales a estos sentidos psíquicos también son liberados. Desbloquear los chakras es el camino a liberar los portales psíquicos, y cuando los mantienes limpios con meditación y rituales de sanación también estás mejorando tus sentidos psíquicos.

. . .

Un sistema de energía balanceado es el requisito que debes cumplir para recibir mensajes psíquicos, y los chakras forman parte del sistema de energía general.

Existe un pilar central de energía que corre a lo largo de tu espina dorsal y te conecta con el universo usando la corona de tu cabeza como puerta de salida. El resto de tus chakras funcionan como estaciones reguladoras que controlan el flujo en tu cuerpo, para ello deben de estar limpios y sin bloqueos para que este flujo sea constante y moderado.

Recordemos el ejemplo del parabrisas que usamos en los primeros capítulos. Si se encuentra sucio lo más probable es que no puedas ver el camino de adelante. Para poderlo limpiar necesitarás herramientas, y una vez que hayas limpiado el parabrisas podrás ver claramente de nuevo.

Similarmente, si tu sistema de energía está lleno de bloqueos y obstáculos, el flujo de los mensajes psíquicos también se verá entorpecido e incluso inaccesible, así que procura mantener las estaciones limpias y brillantes para permitir el desarrollo de tus habilidades físicas. Debes tener una rutina de limpieza para tus chakras, si los descuidas eventualmente volverán a bloquearse, así que un mantenimiento rutinario es necesario.

Otra razón por la cual el balance de los chakras es importante para el desarrollo psíquico es que te ayuda a mantener tu vibración alta. Todas las fuerzas vitales están conectadas las unas con las otras, aún así existe una variación en las frecuencias dependiendo de la realidad en la que se manifiesten. Si eres una persona positiva, tienes una banda ancha de vibración mucho mayor que una persona negativa. Aquí es donde entran en juego tus pensamientos, los chakras se bloquean gracias a los pensamientos, energías, y emociones negativas. Traumas, y residuos dolorosos de experiencias pasadas pueden generar bloqueos en tu sistema de energía. Si continuas con un patrón de pensamiento negativo, también cobrarás en una frecuencia menor, y podrás perder el contacto con los mensajeros psíquicos. Tu ser superior, ángeles, y espíritus guía existen en una frecuencia mucho más alta, así que, si quieres contactarlos y recibir sus mensajes, deberás mantener tu banda alta para tener acceso a los planos superiores. Cuando limpias tu sistema de pensamientos, emociones, y bloqueos usando los chakras permites a la energía positiva fluir dentro de ti y elevar tu banda de vibración.

Limpiar y balancear los chakras

Así como con las habilidades y el desarrollo de la intuición, existen diferentes formas de limpiar y balancear los chakras, algunos ya han sido vagamente mencionados a lo largo de este libro, entre ellas se encuentran técnicas de medicación, ejercicios, rutinas, entre otras prácticas que puedes incorporar a tu vida. Puedes escoger las que más te convengan, adecuen a tu vida, o sientas que te brindan los mejores resultados. Cada chakra responde distinto a las técnicas, así que toma tu tiempo para analizarlas todas.

Balancear el chakra raíz

Si quieres que la base de tu energía esté limpia y abierta deberás hacer cambios en tu estilo de vida, son cambios pequeños que acumulados podrán hacer un gran cambio.

El primer hábito que debes de formar es dormir las ocho horas correspondientes al día. El descanso es una manera efectiva de mantener tu chakra limpio. También deberás incorporar ejercicio físico a tu rutina diaria, no necesariamente tienes que ir al gimnasio, actividades como la jardinería u otras actividades que te conecten con la tierra es ideal para balancearlo.

Ya que el color rojo es el representante de este chakra deberás incorporar comidas de este color en tu dieta.

Considera tomates y granadas. Rodéate de piedras rojas como los rubíes, ayudarán a estimular tu chakra e incrementar su vibración. Además de los hábitos, también puedes hacer lo siguiente:

- Colócate en la posición de la mariposa. Toma tus tobillos con las manos.
- Luego alza tus caderas y balancéate de adelante hacia atrás.
- Observa los cambios en tu cuerpo. Si se siente caliente o se abren tus caderas.
- Repite este ejercicio de 10 a 100 veces.
- No olvides estar en un lugar cómodo cuando realices este ejercicio.

Balancear el chakra sacro

El elemento del chakra sacro es el agua, así que un paseo cerca de un cuerpo de agua puede ayudar a balancear su energía. Algunas de las actividades físicas que puedes realizar es nadar en fuentes de agua naturales, caminar bajo la lluvia, u observar tormentas. Incluye en tu dieta alimentos color naranja como las mandarinas, zanahorias, entre otras.

. . .

El ámbar y la piedra de oro son gemas que puedes mantener cerca de ti para mantener su energía libre. Para este chakra, puedes utilizar el siguiente ejercicio:

- Recuéstate sobre tu estómago. Coloca tus brazos a tus lados y tus palmas sobre el piso. Apunta los dedos de tus pies hacia afuera.
- Inhala, y levanta tu pierna derecha sin doblar tu rodilla.
- Exhala mientras bajas tu pierna de regreso al piso. Hazlo con cuidado y lentitud.
- Repite el movimiento con tu pierna izquierda.
- Luego, realiza este movimiento con ambas piernas al mismo tiempo.
- Repite esto hasta que sientas calidez alrededor de tu chakra sacro.

Balancear el chakra plexo solar

Algunos hábitos que puedes adoptar para estimular tu chakra plexo solar son resolver acertijos, hacer rompecabezas, leer libros sobre arte o tomar clases creativas, todas las actividades que requieran el uso de tu energía y puedan generar energía positiva estimularán este chakra.

. . .

También puedes tomar baños de sol y mejorar tu digestión, para ello debes empezar un programa de desintoxicación. Consulta a tu médico antes de hacer cambios drásticos en tu dieta, o pídele que te sugiera un programa que pueda adecuarse a tus necesidades. Incorpora comidas amarillas como la manzanilla y la calabaza. Las piedras amarillas como el ágata amarilla y el citrino ayudan al balance de esta. Utiliza aceites esenciales amarillos como el romero para deshacerte de bloqueos. También puedes utilizar la siguiente rutina:

- Asume la posición del medio loto, con tu pierna derecha sobre la izquierda.
- Pon tu palma derecha sobre tu pie derecho.
- Inhala y levanta tu mano izquierda hacia el cielo. Concéntrate en la parte de atrás de tu mano.
- Exhala y lentamente baja tu mano de nuevo hacia la parte de arriba de tu pie.
- Repite este movimiento con tu otra mano.
- Alterna entre ambas manos por 10 minutos hasta que sientas una calidez en tu plexo solar.

Balancear el chakra del corazón

. . .

Alimentarte de energía pura y positiva es la mejor manera de balancear el chakra del corazón. Actividades que pueden ayudarte con eso es tomar paseos por la naturaleza, pasar tiempo con tus seres amados, o hacer actividades de voluntariado. Dales la bienvenida a los sentimientos de compasión y empatía, estos estimularán al chakra y lo llenarán de energía positiva. Los alimentos color amarillo también fomentaran la salud de este chakra. Los cristales como el ámbar y el topacio ayudarán a ello. También puedes intentar el siguiente ejercicio:

- Siéntate en la posición de loto.
- Forma un puño con tus manos y colócalas al frente de tu pecho.
- Inhala profundamente. Mientras lo haces, presiona tus manos hacia tu pecho y expándelo tanto como puedas. Asegúrate de mantener tu espalda recta. Mantente en esta posición por 10 segundos.
- Cuando exhales, concéntrate, en el centro de tu cuerpo. Encórvate un poco y baja la barbilla.
- Repite este ejercicio 10 veces por 10 segundos cada uno.
- Debes sentir una sensación fría a lo largo de tu pecho a medida que tu chakra se abre.

Balancear el chakra de la garganta

Recuerda que este es el centro de la expresión propia, así que actividades como recitar poesía, cantar, y tener conversaciones estimulantes son beneficiosas para este chakra. Cualquier actividad que te permita expresar tus pensamientos o sentimientos con libertad es excelente para este chakra. Procura meditar con gemas color azul, y realiza el siguiente ejercicio para mantenerlo abierto y balanceado:

- Arrodíllate en el piso con tus pies bajo de ti. Reposa tus caderas sobre tus pies. Puedes usar un tapete si te hace sentir más cómodo.
- Coloca tus manos en la parte baja trasera de tu espalda a la altura de tus riñones.
- Inhala y exhala profunda y lentamente.
- Cuando inhales, inclina tu cuerpo hacia atrás lo más posible y levanta la barbilla.
- Cuando exhales, inclina la barbilla hacia tu pecho encorvando tu cuerpo.
- Repite esto 10 veces hasta que sientas tu chakra abierto y balanceado.

Balancear el chakra del tercer ojo

. . .

La meditación es sin duda la herramienta más valiosa para mantener el balance de este chakra, combinado con una rutina diaria es la combinación perfecta para liberar todo su poder. Sin importar el estilo de meditación que escojas, es preferible que lo hagas bajo la luz del sol o los rayos lunares. Recuerda dormir las horas necesarias para mantener tu mente clara y fomentar la memoria. Los alimentos de color morado como las berenjenas son beneficiosos para este chakra, así que considera añadir unos cuantos a tu dieta. A continuación, te dejo un ejercicio de meditación que te puede ser útil para desbloquear o mantener sano tu tercer ojo:

- Abre tus piernas de lado a lado e inclínalas a 15 grados.
- Con tus manos forma un triángulo tocando tus pulgares y tus dedos índices. Sostenlo contra tu frente justo en el medio.
- Respira normalmente.
- Ahora, visualiza la energía del sol. Piensa en cómo recae sobre el triángulo que has formado.
- Mueve tus ojos 15 centímetros hacia arriba.
- Mantente en esta posición por 5 minutos y siente como la energía del sol refresca tu glándula pineal y tu tercer ojo.

Balancear el chakra corona

Escribir en un diario de sueños es una manera en la que puedes entrenar este chakra, también puedes realizar un análisis de tus sueños e intenciones dentro de un área espiritual. La meditación también es una herramienta útil para este chakra, ya que es la conexión entre tu cuerpo físico y tu cuerpo espiritual. Hazte el hábito de visualizar luz blanca llenándote de energía a través de tu cabeza.

Come alimentos color blanco como el arroz. Medita con piedras como la amatista, cuarzo transparente, y otras gemas similares. Practica el siguiente ejercicio para balancear este chakra:

- Siéntate en un lugar cómodo en la posición de medio loto. Tu espalda debe permanecer recta.
- Lentamente levanta ambas manos y colócalas a los lados de tu frente y alejadas una de otra.
- Concéntrate en la sensación que recibes en el espacio entre ellas.
- Lentamente comienza a unir tus manos y aléjalas de nuevo. Como si estuvieras tocando un acordeón.
- Repite este movimiento visualizando flores que brotan con cada movimiento que hagas.

- Siente la energía que fluye por tus chakras.
- Respira lentamente y lleva tu mano de tu cabeza hacia tu abdomen. Como si escanearas tu cuerpo.
- Continúa la meditación por unos minutos con los ojos cerrados.

Ahora conoces cómo se conforma tu sistema de energía, los nombres de los chakras, hábitos beneficiosos para mantenerlos limpios, y la importancia de mantenerlo en balance. Podrás limpiarlos y desbloquearlos a voluntad.

Un sistema saludable te ayudará a mantener tu nivel de energía y conectarte contigo mismo para continuar tu camino hacia el despertar psíquico.

8

Lectura de auras

En capítulos anteriores mencionamos el campo electromagnético que nos rodea a todos los humanos, a este campo lo llamamos aura. Es una emisión de luz un tanto borrosa que se extiende por unos centímetros alrededor de tu cuerpo. Todo lo que ves tiene un aura, incluso los objetos inmóviles como rocas, libros, y otras cosas inertes.

Si existe energía fluyendo a través de ello, entonces tendrá un aura.

Ya hemos hablado de cómo esta es impactada por tus emociones y su rol en el sistema de energía, pero es importante que entiendas su composición.

. . .

El aura tiene siete capas que se ordenan una sobre la otra, poseen información sobre el cuerpo físico y es proveída por los siete chakras. Los chakras forman parte del sistema de energía aural, y cada capa está relacionada con un punto de energía. Cada cuerpo aural está relacionado con tus condiciones espirituales, emocionales, mentales, y físicas. Las vibraciones de tus pensamientos, sentimientos, salud, consciencia, y experiencias pasadas están resguardadas en estas capas dependiendo de su categoría.

La capa externa se extiende hacia afuera de tu cuerpo por unos 7 pies, aunque su expansión depende de la salud de cada persona. Aunque las auras sean invisibles, pueden ser sentidas cuando interactúan entre ellas. Es lo que determinamos el "espacio personal". Es necesario que sepas cómo sentir la energía que emana de otros cuerpos, es la base de la lectura de energía, y la necesitarás para poder interpretar los colores aurales.

Capa etérica

El cuerpo etérico es la primera capa del sistema, la base es el cuerpo físico. Es la que observas cuando estás tratando de acceder a la energía curativa de alguien.

. . .

Está a unas 2 pulgadas del cuerpo físico y tiene un color violeta grisáceo. Similar a una vaga neblina. Este cuerpo está conectado a tus glándulas, órganos, y meridianos, se relaciona con la salud y el estado de tu cuerpo físico.

Cualquier enfermedad o condición en el cuerpo físico se manifestará en esta capa primero. Esta es la capa que deberás observar para determinar qué condición se puede estar generando en tu cuerpo, y podrás tomar acción antes de que se materialice.

Capa emocional

Esta es la segunda capa, justo encima de la capa etérica, y está a unas cuantas pulgadas del cuerpo físico. Tiene una forma ovalada como un capullo y está conectado al chakra sacro. Esta capa manifiesta tus pensamientos, emociones, sentimientos, y experiencias.

Es una de las capas más activas ya que se encuentran en constante movimiento, como nuestro estado emocional es volátil esta capa también refleja esta volatilidad, y puede fácilmente anclar emociones negativas como el miedo, la ira, la soledad, y el resentimiento.

· · ·

Esta capa comunica su energía con la capa etérica, la manda hacia abajo y esta eventualmente la comunica al cuerpo físico. Esto explica porque las emociones tienen repercusiones directas en nuestra salud. Si en algún momento te sientes enfermo sin razón, puede ser porque esta capa está bombardeando tu cuerpo físico con emociones negativas. Este cuerpo también se presenta de diferentes colores, y al leerla puedes interpretar el estado de tus chakras.

Capa mental

La capa mental es la tercera en el campo aural. Está extendida a ocho pulgadas del cuerpo físico, y está directamente conectada con el chakra plexo solar. Podrás notar que existe un patrón de conexión entre las auras y los chakras. Este cuerpo representa los procesos cognitivos, pensamientos, y estado mental. Comúnmente es amarilla y se ilumina gracias a tus ideas, creencias, procesos lógicos, y tu intelecto. En esta capa racionalizas tus pensamientos e ideas. Los problemas de salud mental se reflejan en esta capa antes de materializarse en el cuerpo físico. Cuando intentes leer esta capa, presta atención a la cabeza, el cuello, y los hombros, estas son las partes donde irradia con más intensidad.

. . .

Capa astral

También llamada el puente o el cuerpo astral. Es la cuarta capa aural y se encuentra ubicada a 12 pulgadas del cuerpo físico. Está conectado con el chakra del corazón, así que contiene información sobre la sensación de amor, alegría, y otras emociones de alta vibración. Es referido como el puente ya que conecta el plano físico con el espiritual. Para visitar el mundo espiritual debes desprender tu cuerpo físico y reemplazarlo con tu cuerpo astral. Tiene un color rosado y se fortalece con relaciones amorosas e íntimas. También puedes deducir el estado de tus chakras a través de esta capa. Si aprendes a realizar viajes astrales, puedes explorar el universo con tu forma astral. En el plano astral la sanación es más rápida.

Plantilla etérica

Es la quinta capa del campo aural, y está conectada al chakra de la garganta. Está a tres pies de tu cuerpo. Es responsable por los sonidos, la comunicación, la vibración, y la creatividad. Es llamada de esta manera porque es la copia literal de tu cuerpo físico en el plano espiritual.

. . .

Es el instructivo por el cual tu cuerpo físico se manifiesta. Puede ser color azul, como el negativo de una foto, pero se presenta de varios colores. Todo lo que creas en el plano físico es grabado en la plantilla etérica. Esto incluye tu personalidad, identidad, y energía.

La capa celestial

El sexto cuerpo de energía. Este está conectado directamente con el chakra del tercer ojo. Es la representación de tu subconsciente, el punto de unión entre tu consciencia y tu mente espiritual. Cuando meditas o realizas actividades espirituales, esta capa resguarda tu consciencia. El cuerpo celestial contiene la información sobre los sueños, memorias, consciencia espiritual, la intuición, la confianza, y el amor incondicional. Esta capa emite una vibración poderosa, así que debes mantenerla de esta manera para acceder a los cuerpos celestiales. Con una capa celestial fuerte, tienes el poder de comunicarte con espíritus y recibir mensajes psíquicos.

Plantilla cetérica

Esta es la última capa y la más alejada del cuerpo físico, sin embargo, es la más cercana al plano espiritual; está conectada con el chakra corona. En esta puedes encontrar información sobre tus vidas pasadas y volverte uno con el universo. Este cuerpo aural vibra más alto que todas las otras capas y funge como una protección para los otros cuerpos aurales. Alberga todo el conocimiento y las posibilidades. Contiene un plano de tu camino espiritual, y tiene un registro detallado de todas las experiencias vividas a lo largo de tus vidas. Está ligada a lo divino, la fuente, el creador, dios, o cualquier otra fuente de conocimiento superior en la que creas.

Algunas personas creen que aún existen otras capas que aún no han sido descubiertas, así que por el momento estas son todas sobre las cuales tenemos información.

Cómo ver auras

Ver auras es sencillo si eres clarividente, pero esto no significa que todos los clarividentes puedan ver auras.

Para leer tu propia aura o la de otra persona debes entender cómo se encuentra conformado. Ahora que sabes esto, debes aprender a cómo verlas. Practica contigo mismo al inicio antes de hacerlo con otros objetos energéticos.

Puede que no logres ver el aura pero sí sentirla, o incluso escucharla, o saborearla, todo dependerá de tu habilidad psíquica dominante. El objetivo es poder acceder a la información que el campo aural nos ofrece sin importar el método. Te ofrezco unos ejercicios que te permitirán explorar otras técnicas.

Ejercicio uno: Siente el aura

Si tu sentido predominante es el tacto psíquico, es probable que no la veas, pero sí seas capaz de sentirla.

Básicamente, si eres clarisintiente podrás sentir el aura.

Este sentido te permite sentir y percibir cosas más allá del plano material. Debes confiar en tus manos para sentir los campos de energía humana. Para este ejercicio, encuentra un lugar silencioso donde puedas estar sin interrupciones:

1. Siéntate en tu pose de meditación predilecta. Cierra tus ojos y respira con ritmo. Conéctate con tu respiración y vuélvete consciente de cómo entra a tu cuerpo y se mueve alrededor de él antes de salir. Continúa haciendo esto por un par de minutos.

2. Con tus ojos cerrados, frota tus manos por 30 segundos. Hazlo con toda la intensidad posible.
3. Estira tus manos frente a ti. Nota que tus codos están ligeramente doblados, y tus palmas deben estar una frente a la otra.
4. Júntalas lentamente pero no les permitas tocarse.
5. Repite este paso lo más lento posible. Nota la sensación que aparece entre tus manos. Repite una y otra vez.
6. No abras los ojos ni dejes de respirar. Si te desconectas de tu respiración, realiza el primer paso para volver a estar en sintonía con ella.
7. Presta atención al espacio entre tus manos. Registra las sensaciones, pensamientos, e imágenes que aparezcan en tu mente a medida que lo repitas. Toma consciencia de estas sensaciones.

Realiza este ejercicio con calma, no te preocupes si crees que lo estás haciendo mal. Con la práctica podrás sentir las auras con mayor facilidad.

Ejercicio 2: ve el aura

La práctica es el verdadero secreto detrás de este ejercicio.

Como en el ejercicio anterior, intenta primero con tu propia aura. Al principio notarás que sólo puedes ver las primeras capas del aura, pero a medida que tu experiencia aumente podrás ver las capas superiores. De nuevo, encuentra un lugar tranquilo para realizar el ejercicio, de preferencia un lugar oscuro, puedes esperar hasta la caída de la noche para realizarlo:

1. Siéntate de frente a una pared blanca con tus pies firmemente en el piso. Usa una silla para mantener tu espalda recta.
2. Conéctate con tu respiración y relájate.
3. Estira uno de tus brazos hacia la pared blanca. Con la palma hacia la pared, lentamente junta los dedos de tu mano. Reduce la intensidad de tu mirada y relájala. Mantén esta mirada mientras miras a tu mano. Podrás ver el delineado de tu aura alrededor de tu mano.
4. Separa tus dedos lentamente mientras mantienes esta mirada. Concéntrate en el espacio entre tus dedos y nota lo que hay ahí.
5. Con el tiempo, podrás empezar a ver el delineado de tu aura alrededor de tu mano y dedos. Puede que al principio sea incolora, pero con el tiempo mostrará colores a su alrededor.
6. Sumérgete en el momento y observa tus manos y dedos con paciencia.

Después de unas cuantas semanas de práctica, puedes realizar este ejercicio durante el día. Después de un tiempo, no necesitarás un lugar calmado para ver tu propia aura. Si no tienes una pared blanca, puedes utilizar una hoja de papel.

Ejercicio 3: Ver las auras de otras personas

Puedes pedirle ayuda a un compañero si ya has logrado ver tu propia aura sin un fondo blanco y realizar este ejercicio:

1. Pídele a tu compañero que se pare frente a una pared blanca. Deben pararse unas pulgadas lejos de ella para no tocar la pared
2. Párate a un par de metros de él o como te lo permite tu lugar de entrenamiento. Debes poder verlo de pies a cabeza. Asegúrate de que puedes ver la pared detrás de él.
3. Planta tus pies firmemente en el piso y realiza un ejercicio de respiración rápido.
4. Cierra tus ojos por un momento y luego ábrelos de nuevo. Con una mirada suave, observa todo el cuerpo de la persona. Trata de notar cualquier cosa que aparezca en la pared. No te sugestiones, debes de ser paciente.

5. Verás el aura surgir alrededor de su cabeza y su cuerpo superior. Inicialmente será incolora, pero con práctica constante deberás poder ver el color.

Ver auras es una práctica que requiere dedicación y paciencia. Verás los resultados con el tiempo y eventualmente no necesitarás tener una pared de referencia. Una vez que puedas ver las auras podrás interpretar la información que te ofrezcan.

Los colores de las auras y sus significados

Las auras tienen tonalidades, colores, intensidad, y definición, y estas características revelan mucha información sobre tu estado físico, emocional, mental, y espiritual.

Dependiendo de la distancia y las ondas electromagnéticas que presente tus ojos pueden registrar diferentes colores del espectro de energía. Las auras muestran diferentes colores porque sus cuerpos vibran en diferentes frecuencias, tu cerebro las interpreta como colores cuando logras ver el campo de energía.

. . .

A continuación, estudiaremos los significados de los colores.

Rojo

Este es el color del chakra raíz. Cuando este color aparece, existe una relación directa con las funciones de este chakra. Puede aparecer en distintas tonalidades, oscuras o claras. Cada tonalidad tiene un significado distinto.

Este color usualmente aparece en las personas valientes y atrevidas. Estas personas naturalmente entienden la realidad física y les permite abrazar los deseos del mundo material. Si tienes rojo en tu aura significa que eres una persona apasionada, venturosa, dinámica, y sin arrepentimientos. No le temes a la mortalidad, sensualidad, o tentación, y disfrutas de actividades que te induzcan adrenalina. Los rojos oscuros denotan un individuo con emociones negativas y traumas pasados. Representa cansancio, poca energía, y exceso de trabajo.

Naranja

Este color se manifiesta en las personas que valoran las relaciones e interacciones con otras personas.

. . .

El naranja es alegre y emite vibras positivas, se relaciona con energía positiva con el dinero, tiempo, energía, amor, recursos, y trabajo. Si tienes naranja en sus cuerpos, significa que adoras el trabajo en equipo por tu naturaleza extrovertida y personalidad sociable, eres perceptivo y dinámico. Estableces amistades rápidamente porque eres bueno para ello. El naranja también representa amor por la aventura. Te interesa lo que el mundo tiene que ofrecer, así que buscas aventuras. Debes tener cuidado o podrías obsesionarte con las relaciones, o tener dificultad para comprometerte a una sola.

Amarillo

La presencia de este color indica un fuerte sentido de individualidad, confianza, y habilidad para inspirar a otras personas a tu alrededor. El amarillo resuena con las vibraciones fuertes que se derivan de la felicidad. Las personas con auras amarillas son líderes naturales, pueden tomar el cargo y liderar a su grupo. Tienen altos niveles de energía y pocas veces se cansan de motivar o guiar. Están llenos de alegría, generosidad, y atraen a otras personas. Sin embargo, el amarillo oscuro representa una batalla interior, duda, perfeccionismo, o exceso de confianza guiada por el ego.

Verde

El verde significa que irradias amor incondicional.

Cuando estás en presencia de otras personas pueden sentir tu energía vital porque tienes una atracción natural.

Lo más probable es que te sientas atraído por los animales y la naturaleza. Procuras curarte de manera natural.

Cuando alguien entra en tu presencia se relajan y sienten en paz, eses es el poder del color verde. Es el color del balance. Los individuos con este color en su aura son muy balanceados. Sin embargo, el color verde oscuro puede ser una señal de sentimientos de envidia y celos estancados en tu campo de energía.

Azul

El azul indica que una persona tiene grandes habilidades de comunicación. Son personas honestas y directas que no tienes limitaciones. Entre más clara sea la intensidad de este azul, más positiva será tu energía.

Índigo

Este color se encuentra comúnmente en personas intuitivas y sensibles. Representa percepción y la presencia de habilidades intuitivas poderosas que te permiten saber cuando las cosas van a suceder. Estas personas son empáticas por naturaleza, buscan y perciben el mundo como algo más grande que ellos. Viven la vida con el flujo natural de las cosas. El índigo oscuro significa desconexión con el ser intuitivo dentro de ti, y una pelea con la duda e incertidumbre.

Violeta

Similar al morado o índico. Un campo violeta significa que tienes una visión idealista para el futuro. Puedes ver más allá de los pequeños detalles, eres original e innovador, progresivo, y de mente abierta.

Otros colores de aura pueden ser:

- Rosa
- Magenta

- Blanco
- Turquesa

Aunque los colores que describí anteriormente son los más comunes, las auras también pueden presentar otras tonalidades incluso como color principal.

9

Ejercicios y hábitos para fortalecer
tu intuición y habilidades psíquicas

A MEDIDA que continuas con tu desarrollo psíquico debes de mantener la mente abierta y mantener tus expectativas bajas. Si tienes expectativas muy altas puedes llegar a desanimarte cuando no las logres. No te anticipes y sugestiones, espera pacientemente a tus habilidades te indiquen que están ahí, si te concentras demasiado puedes perderte las verdaderas señales que te envía tu ser interior.

Si no aprendes a dejar que las cosas pasen a su tiempo, probablemente no seas un gran psíquico. No permitas que seas el mayor obstáculo en tu camino, aléjate y permite que tus sentidos tomen la tienda de tus experiencias y percepciones. Puedes realizar actividades beneficiosas todos los días para fortalecer tu intuición y avanzar cada vez más rápido. La meditación es algo que recomiendo con mucho ímpetu.

Deberás encontrar un lugar tranquilo, y en este contexto me estoy refiriendo a tu plantilla cetérica, donde la consciencia se resguarda mientras estás en una sesión de meditación. En este lugar puedes convertirte uno con tu mente y tus sentidos psíquicos. Probablemente no lo logres en el primer intento, pero puedes llegar a ese estado si continúas practicando.

Puedes realizar los siguientes ejercicios en el momento de día que se te acomode, recuerda que puedes utilizar técnicas como llevar un diario de tus experiencias y resultados para poder monitorear tu progreso:

- **Ejercicio 1: adivina la canción siguiente:** Este es un ejercicio sencillo y divertido para practicar tu habilidad psíquica cuando estés manejando o relajándote en tu habitación. Puedes hacer este ejercicio con tu radio o una aplicación de música. Cuando estés escuchando una canción, permítele a tu mente divagar mientras la estás escuchando, después intenta regresar a tu estado natural cuando estés a la mitad de la canción e intenta adivinar qué canción vendrá después. Lo más probable es que escuches el principio de la canción en tu mente antes de que empiece.
- **Ejercicio 2: Jeopardy:** Este es un juego popular de la televisión americana. Este

ejercicio es rápido y divertido, lo que significa que no deberás pensar tus respuestas de más. Cuando te hagan una pregunta, di lo primero que se te venga a la mente. Muchas respuestas serán interesantes. Algunas las sabrás gracias a experiencias pasadas. Pero otras parecerán surgir de la nada. En este momento sabrás que tu poder psíquico entró en acción. Lo importante es que te des cuenta de que recibiste la respuesta de una fuente psíquica.

- **Ejercicio 3: Telemetría:** Si tienes un amigo que esté dispuesto a ayudarte, puedes pedirle prestada una reliquia familiar u otra cosa que no le pertenezca para que puedas practicar telemetría. Asegúrate de que tu amigo sepa a quién perteneció el objeto. Utiliza este objeto para meditar y escribe los sentimientos que tuviste durante la sesión. Después coméntale a tu amigo lo que encontraste y corrobora la información con tu amigo.

Los ejercicios que te mostré son fáciles de integrar a una rutina diaria, así que no tienes excusa para no practicar. Con disciplina podrás convertirlos en un hábito rápidamente. No olvides los otros consejos que te he dado en este libro como tus sesiones de meditación, cambios en la dieta, y las afirmaciones. Individualmente pueden no parecer gran cosa, pero si las adhieres a tu vida rápidamente harán un cambio significativo.

Conclusión

Puede que la clarividencia sea una habilidad nata, pero el talento por sí solo no es suficiente para crecer psíquicamente. El desarrollo de estas habilidades es un proceso largo y lento, pero la consistencia y práctica te ayudarán a llegar a tu despertar psíquico. También es importante que estés en un buen momento mental, físico, y espiritual para realizar el despertar psíquico. No debes abrir tu tercer ojo a no ser que estés seguro de que puedes enfrentar las consecuencias. Las habilidades mencionadas en este libro son poderosas, y si se toman a juego, o no son utilizadas con responsabilidad pueden generarse consecuencias adversas en tu vida y en la vida de las personas que te rodean. A medida que progreses en tu despertar psíquico, no tengas miedo o vergüenza de buscar a individuos similares a ti, sobre todo si su experiencia puede serte de guía o ayuda para avanzar en tu propio camino.

Conclusión

Todos necesitamos un maestro de vez en cuando, si es cierto que este libro te ha proporcionado mucha información útil, nada es sustituto para los consejos empíricos de alguien experimentado. Busca a tu alrededor, te sorprenderás de cuantas personas pueden estar en contacto con su lado psíquico, y pronto tu también podrás ser una de ellas. Olvídate del ego, entrégate a lo divino, y ¡prepárate para despertar!

www.ingramcontent.com/pod-product-compliance
Lightning Source LLC
LaVergne TN
LVHW021716060526
838200LV00050B/2703